労務問題のトリセツ

正社員で働く人のための

小西 道代

社会保険労務士／行政書士

つちや書店

はじめに

　新入社員で入社し定年退職するまで、たくさんの人が社会人生活の多くを会社に雇用されて過ごすことになります。大企業と中小企業、一般企業と公務員では、企業の理念や規模、その役割によって、労働条件や福利厚生などに差があるところもあります。

　しかし、いろいろな価値観をもち、育ってきた環境も経験も違う多くの人が集まって組織をつくり、働くことで目標を達成するというかたちは同じです。そのため、少しでもスムーズに、ストレスなく、楽しく働くことができれば社会人生活は充実したものになるはずです。

　近年、政府が推し進める「働き方改革」により、働く人のワークライフバランスに配慮した柔軟な働き方を認めていこうという流れができつつあります。

　労働基準法では、会社と働く人（雇用される人）は「対等」であると定めていますが、実際のところ、賃金を支払う会社の力が強くなりがちであり、声を上げられない人もいるはずです。

　「働き方改革」による法改正は、労働基準法をはじめ労働安全衛生法、労働契約法など多岐にわたり、長時間労働や有給休暇の未消化、職場のハラスメントなど、これまで社会問題化してきた課題にメスが入れられています。

　高齢者が増え、子どもが増えない現在の日本では、今後、働く人の数が絶対的に不足します。働く人が個人的な事情で仕事を辞めなくてもキャリアを継続できる仕組みが求められており、さまざまな法改正が働く人をあと押ししてくれています。

本書はせっかく国が用意してくれているこれらの仕組みを知らず、または知っていても活用できないままモヤモヤしている人に、法律の正しい知識をもってもらうことを目的に構成しています。

　とくに、1日も早く一人前の社会人になるべく必死に働いている人や、結婚・出産・育児を経験して仕事との両立が課題になっている人、初めて部下をもってその指導に悩んでいる人、一定の経験を積んでそろそろ転職を考え始めた人など、社会人のみなさんが感じる「モヤモヤ」を取り上げています。

　共働き世帯が統計的にも多数派になったり、ここ数年でテレワークや在宅勤務といった働き方が広がり、パソコンを持ち歩いてカフェで仕事をするといったように情報セキュリティーの重要性が高まるなど、働く人たちの環境や意識も大きく変化をしています。そのため、年功序列や終身雇用などのモーレツ社員時代を過ごしてきた親世代や先輩にモヤモヤを相談しても、今の状況に合ったアドバイスをもらうのは難しいかもしれません。

　働く人を取り巻く環境は日々動いていて、国も働く人の課題を解決すべく法改正を繰り返しています。法律は難しいから……ではなく、自身がより充実した社会人生活を送るための武器として、さらには、一緒に働く仲間と円滑に過ごすためのコミュニケーションツールとして本書を活用いただければ幸いです。

　　　　　　　　　　社会保険労務士／行政書士　**小西 道代**

問題改善・解決はどこでできる？
労務にまつわるモヤモヤの相談先

労務にまつわるモヤモヤを改善・解決するには、さまざまな窓口があります。
まずは身近なところから相談してみるとよいでしょう。

1 上司

働いているときに生まれた疑問や悩み、休暇などの相談は、上司が最初の相談先です。

改善・解決法が見つからない場合

相談内容が働く環境や労働にまつわる制度全般の場合

2 人事・労務部門

働いている人に与えられている権利や制度への問い合わせ及び、それらを利用したい場合は、働く環境の整備を担う、人事・労務部門が相談先です。

相談内容がハラスメントの場合

2 ハラスメント相談窓口

会社はハラスメント対策の一環で、相談窓口の設置が義務化されています。外部機関が対応していることもありますが、人事・労務部門が兼務している場合もあります。いずれにしても守秘義務を負っています。

相談内容が心身の健康状態の場合

2 産業医

肉体的な健康だけでなく、メンタルヘルスも相談可能。産業医への相談方法の周知は義務化されているので、選任されている医師などに連絡ができます。

改善・解決法が見つからない場合

3 総合労働相談コーナー

各都道府県の労働局や労働基準監督署内に設置されている、無料の相談窓口。解雇や賃金問題、ハラスメントなど、あらゆる労働問題について社会保険労務士などが相談にのってくれます。相談時間は1人30分〜1時間程度。匿名で相談することも可能。情報を整理し、解決・改善に向けたアプローチ法についてアドバイスしてくれます。

改善・解決法が見つからない場合

4 法テラス
（日本司法支援センター）

労働問題だけでなく、法的トラブルにかかわることを相談できる、国によって設立された無料の法律相談窓口。相談員は主に弁護士で、問い合わせの内容に応じてアドバイスをしてくれます。弁護士会など、適切な相談窓口を紹介することもあります。

改善・解決法が見つからない場合

5 労働基準監督署

全国に設置されている行政機関。賃金の未払いが発生している場合など、違法性のある労働問題に関して相談や労災保険の給付が請求できます。注意点は、相談は労働関係の法律に関するものに限られていること。会社名と相談者の名前を伝える必要があり、会社が法律に違反しているという証拠も必要です。相談内容が労働基準監督署の介入が必要と認められれば、会社に指導や是正勧告、調査を行います。

そのほかの解決手段

□ あっせん制度 会社と働く人の間で起こった個別トラブル（個別労働紛争）について、第三者機関（あっせん員）が介入して解決の援助をする無料の制度。各都道府県の労働局や労働基準監督署内に設置されている総合労働相談コーナー、労働局雇用環境・均等部（室）で申し込めます。

□ 労働審判制度 裁判所で行われる、労働トラブルを迅速に解決するための制度。労働審判官（裁判官）1人と労働審判員2人で構成される労働審判委員会が、個別のトラブルを原則3回以内の審理で解決に導きます。労働審判制度を利用するためには、地方裁判所に申立書などを提出する必要があり、申立手数料や弁護士費用がかかります。

外部機関に相談に行くときの持ち物

外部機関や社外の人に相談する場合は、労働条件通知書や就業規則、会社の組織図を持参しましょう。また、長時間労働について相談するときは、出勤簿や給与明細も持っていくことをおすすめします。相談内容の精度が上がり、改善や解決の近道になります。

改善・解決の方法としては、最終的に「裁判」がありますが、弁護士の費用が高額になったり、解決や判決が確定するまで長期間になる可能性があります。訴えを起こした人（原告）にも負担がかかることなので、身近なところから改善法や解決法を見つけることをおすすめします。

もくじ

*掲載している情報は、2024年11月現在のものです。法律の改正などにより、手続きの仕方、条件などが変更されることがあります。

はじめに ……………………………………………………………………… 2

問題改善・解決はどこでできる?　労務にまつわるモヤモヤの相談先 …………… 4

正社員がモヤモヤする

第1章　働くときの疑問と悩み

モヤモヤ 1 募集・採用された職種と現在の仕事内容が違うかも…… ……… 10

モヤモヤ 2 「労働条件通知書」と
「就業規則」「ガイドライン」はなにが違うの? ………………… 12

モヤモヤ 3 「試用期間の延長」は、どの会社でもあることですか? ………… 14

モヤモヤ 4 試用期間後でも、本採用されないことはある? ………………… 16

モヤモヤ 5 通勤手段を電車から自転車に勝手に変更したら、注意された! … 18

モヤモヤ 6 郊外に引っ越して、出勤時は新幹線通勤をしたい! ……………… 20

モヤモヤ 7 私用携帯電話に連絡があったので、
ササッと返信するのは問題ない? ……………………………… 22

モヤモヤ 8 職場で撮影した写真はSNSに投稿したらダメなの? ……………… 24

モヤモヤ 9 私用携帯電話を仕事に使ったら、電話代は請求できる? ………… 26

モヤモヤ 10 会社の制服が似合わないので、
自分らしくアレンジしてもいい? ……………………………… 28

正社員がモヤモヤする

第2章　給料や手当のこと

モヤモヤ 11 給料日が休日になった場合、前倒しの支払いになるのでは? …… 32

モヤモヤ 12 今期は仕事をがんばったのに、ボーナスを減額されました…… … 36

モヤモヤ 13 退職が決まっているせいなのか、ボーナスを減額された!? ……… 38

モヤモヤ 14 転職先が年俸制になるのですが、
月給制との違いはなんですか? ………………………………… 40

モヤモヤ 15 今月は深夜まで働いた!　残業代はどのくらいかな? ……………… 44

モヤモヤ 16 残業代がないと生活が苦しいので
毎日、残業しようと思います! …………………………………… 48

モヤモヤ 17 固定残業代分まで働いていませんが、
全額もらっていいですか? ……………………………………… 50

モヤモヤ 18	今度、主任に昇進します！ 役職者には残業代がないって本当？	54
モヤモヤ 19	災害によって働けなくなったら、会社はなにをしてくれる？	56
モヤモヤ 20	会社が倒産！ 未払いの給料はどうなる？	58
モヤモヤ 21	テレワークをしたときの電気代と通信費は請求できる？	60

正社員がモヤモヤする

第3章　労働時間や休暇のこと

モヤモヤ 22	終業時間がきたら「帰れ〜！」 働く時間の決まりって？	64
モヤモヤ 23	「36（サブロク）協定」とはいったいなんのこと？	66
モヤモヤ 24	上司から残業を強要された！ これって違法では？	70
モヤモヤ 25	当日朝の「有給休暇もらいます」で注意されました……	72
モヤモヤ 26	有給休暇が10日ありますが、 5日しか使えないと言われました……	76
モヤモヤ 27	フレックスタイム制の会社なので、 好きな時間に働いてもOK？	80
モヤモヤ 28	昼休憩は、社員全員が同じ時間にとらないとダメ？	84
モヤモヤ 29	休憩時間はいらないので、1時間早く、帰らせて！	86
モヤモヤ 30	始業時間前の朝礼は残業時間になりますか？	88
モヤモヤ 31	早朝出発の出張ですが、これは早出残業になりますか？	90
モヤモヤ 32	働く時間が取引先に左右される労働時間の考え方は？	92
モヤモヤ 33	テレワーク中の私用外出は、どう考えたらよいでしょうか？	96
モヤモヤ 34	毎日ちょっとだけ遅刻する人が気になります！	98
モヤモヤ 35	振替休日と代休の違いがわかりません！	100

正社員がモヤモヤする

第4章　心と身体の健康のこと

モヤモヤ 36	昼休み中にケガをしたら、治療費はもらえる？	104
モヤモヤ 37	テレワークで腰痛になりました。これは労災になりますか？	106
モヤモヤ 38	仕事が忙しすぎて健康診断に行けません！	108
モヤモヤ 39	当然、あるものと思っていたのに休職制度がなかった！	112
モヤモヤ 40	休職から復帰するときは、どうしたらよいですか？	114
モヤモヤ 41	上司の対応が人によって違う！ これはパワハラだと思います……	116

正社員がモヤモヤする

第5章 仕事と妊娠・出産・育児、介護の両立のこと

モヤモヤ 42 つわりで出勤がつらいのですが、
特別な制度はないのでしょうか？ ……………………… 120

モヤモヤ 43 出産が1週間遅れた場合、
生まれるまでの期間は欠勤になる？ …………………… 122

モヤモヤ 44 産休中にボーナス日がありますが、満額もらえるのでしょうか？ …… 126

モヤモヤ 45 育休を取得したいのに、就業規則に規定がありません…… …… 128

モヤモヤ 46 親の介護で休みたいのですが、
介護休暇と介護休業は同じもの？ ……………………… 132

モヤモヤ 47 母親が骨折したのですが、介護休業は使えますか？ ………… 134

モヤモヤ 48 おばあちゃんが倒れました！ 孫でも介護休業は使える？ ………… 136

正社員がモヤモヤする

第6章 副業・兼業、キャリア、処分、退職のこと

モヤモヤ 49 副業と兼業の違いがわかりません ………………………… 140

モヤモヤ 50 育休明けの復帰が不安なので、少し働きたいのですが…… …… 142

モヤモヤ 51 懲戒処分になったのですが、どうしたらよいですか？ ……………… 144

モヤモヤ 52 始末書を書くことに…… 昇進はできなくなった！？ ……………… 146

モヤモヤ 53 退職時の「同業他社への転職NG」
という誓約書は絶対ルール？ ………………………… 148

モヤモヤ 54 会社負担で取得した資格は、
退職時に違約金を払わなければダメ？ ……………… 150

モヤモヤ 55 退職したいのに辞めさせてくれない！ ……………………… 152

モヤモヤ 56 有給休暇もリフレッシュ休暇も全部消化してから退職したい！ …… 154

モヤモヤ 57 退職日を決めたのですが、日程を変更したいな…… ………… 156

モヤモヤ 58 前の会社の鍵がまだ手元に…… 返却しないとダメですよね？ ‥ 158

◉ **主な参考文献**

『令和3年版 労働基準法 上・下巻（労働法コンメンタール No.3）』
厚生労働省労働基準局編、労務行政
『新版 労働基準法実務問答 第2集 〜労働時間と在宅勤務（テレワーク）Q&A〜』
『新版 労働基準法実務問答 第3集 〜三六協定と変形労働時間・フレックスタイム制 副業・兼業に関するQ&A〜』
『新版 労働基準法実務問答 第4集 〜賃金と割増賃金に関するQ&A〜』
『新版 労働基準法実務問答 第5集 〜就業規則と年次有給休暇、フリーランスガイドラインに関するQ&A〜』
いずれも労働調査会出版局編、労働調査会

第 **1** 章

正社員がモヤモヤする

働くときの
疑問と悩み

会社から渡される労働条件通知
書のことや、働くときの基本的な
ルールなど、今さら誰にも聞けな
い疑問や悩みを解決します。

> **モヤモヤ 1**
募集・採用された職種と現在の仕事内容が違うかも……

《営業事務》で採用されたはずなのに、
今の仕事には総務系の業務もあって、職種がなんか違うような……。

労働条件通知書の業務内容を確認しましたか？
仕事を始める前に渡される書類は、
内容をしっかり確認することが大切です。

労働条件通知書で仕事内容をはっきりさせておくことが大切

　「労働条件通知書」は「雇入通知書」ともいい、労働基準法によって、**会社から社員に交付することが義務付けられている書類**です。会社は仕事を始める前までに明示することが定められており、現在は紙の書類だけでなく、メールやSNSでの交付も可能です。

　入社後、仕事の内容に違和感がある場合、労働条件通知書の業務内容には、営業事務や総務も含んだ幅広い意味での「事務業務」と書かれていた可能性があります。書類を提示されたら、賃金や賞与、労働時間、休暇だけでなく、自分がどんな業務に就くのか具体的な部分まで確かめ、違和感があるなら文言を会社に変えたもらうことが肝心ですが、すでに働いている場合は、上司に相談したり、異動願いを検討しましょう。

Point ▶ 業務に違和感があれば上司に相談、または異動願いを検討。

労働条件通知書の追加記載事項

　労働条件通知書は、2024年4月に労働条件明示のルールが改正されています。追加された明示事項は次のとおりです。

1 就業場所・業務の変更の範囲

2 更新上限の有無と内容（通算契約期間または更新回数の上限）

3 無期転換申込機会及び無期転換後の労働条件

　正社員に関係するのは「就業場所・業務の変更の範囲」です。転職をした場合、業務部分は「業務内容　（雇入れ直後）営業事務　（変更の範囲）総務の業務」のように記載されるので、変更の範囲が希望する業務を超えていると感じた場合は、仕事を始める前に会社と協議しましょう。

> **モヤモヤ 2**　「労働条件通知書」と「就業規則」「ガイドライン」はなにが違うの?

労働条件通知書と就業規則、ガイドラインを会社からもらいました。
なんだか同じようなことが書かれているような、いないような……。
これにはどんな違いがあるんですか?

どれも働くときの**条件やルールが書かれています。**
いずれも目を通しましょう。

労働条件通知書の内容は就業規則やガイドラインよりも優先される

1. **労働条件通知書** 個別の労働条件について明記。
2. **就業規則** 雇用されているすべての社員に対して統一的に定めた就業上のルール。
3. **ガイドライン** 就業規則を補足するもの。社員が業務を円滑に行うためのルールを記載。

労働条件通知書、就業規則、ガイドラインの関係性を図で表すと上記のようになります。**優先度は原則として「労働条件通知書 ＞ 就業規則 ＞ ガイドライン」の順**です。

就業規則には、会社に雇用されているすべての社員に共通する賃金や労働時間、休暇、懲戒のことなどがまとめられていますが、就業規則の内容のほうが社員に有利な場合は、労働条件通知書よりも就業規則の規定が優先されます。

一方、ガイドラインは就業規則を補足するもので、法律とは別に社員や組織全体に対して、行動や役割などを示したものです。

Point ▶ 働く条件やルールへの理解が自分の身を助ける！

📖 就業規則がない会社もある!?

就業規則は常時雇用されている人が10人未満の会社であれば、作成しなくてもよいことになっています。 雇用されている人が10人以上いる場合は、労働基準法で定められているとおり、作成及び届出が義務付けられています。また、働く人がいつでも見られるように、社内に掲示したり、書面での交付が必要です。

> モヤモヤ
> 3

「試用期間の延長」は、どの会社でもあることですか?

転職して2カ月が経ちます。試用期間は3カ月なのですが、一人前と判断されなかったら期間は延長されるのでしょうか?

試用期間が延長されることはあります。また、試用期間を見習い期間だと思っている人はいますが、雇用契約上はすでに働いている社員と同じ扱いです。

試用期間の延長の有無については就業規則で確認できる

「試用期間」については、会社側が新入社員の業務における適性や能力、勤務態度などを見極める期間と思っている人は多いものです。しかし、実際のところは働く人も職場の雰囲気や体質などを確認する期間です。見習いや半人前でもなく、雇用契約上はすでに働いている社員と同じ扱いなので、労使どちらも同じ目線でお互いを確認する時間ととらえましょう。

ところで、**試用期間は法律で定められている制度ではなく、各会社で設定しているもの**です。その期間は3カ月が一般的ですが、就業規則に延長できることが記載されている場合は、さらに3カ月延長して合計6カ月といったように期間が延びることがあります。

期間が延長されても自分の評価ばかりを気にせずに、会社をじっくりと確認して、さらに自分との相性を見極めましょう。

モヤモヤ解消 Advise

Point 1 ▶ 試用期間とは、新入社員が会社の雰囲気や体質を見極める期間でもある。

Point 2 ▶ 試用期間が延長された場合は、さらに会社との相性を見極めることが大切。

📖 試用期間中に退職するとき

試用期間中に、「職場の雰囲気や体質に違和感がある」「この職場では自分を活かせない」などと感じたら、退職するという選択肢もあります。ただし、**雇用契約上は社員と同じ扱いのため、「今日で辞めます。明日から出社しません」というわけにはいきません。**

試用期間中に退職を決めたなら、まずは就業規則を確認しましょう。会社によっては「少なくとも1カ月前に退職願を提出し、承認があるまで従前の業務に従事しなければならない」などの規定があります。上司に辞めたい気持ちを伝えたあとは、規定にしたがって退職の手続きを進めましょう。

> モヤモヤ
> 4

試用期間後でも、本採用されないことはある?

試用期間中です。同時期に入社した同僚から**本採用にならないこともあると聞きました**。それって本当ですか?

試用期間後、**本採用されないことはあります**。
ただし、**客観的に合理的な理由**がなければ解雇は認められません。

同じ新入社員でも、新卒社員と中途採用では解雇基準が違う

本採用されないことは「解雇」であり、**試用期間後に解雇されることもあります。** ただし、新卒で入社した場合と、中途採用で入社した場合では基準が少し違うといえるでしょう。試用期間中に勤務態度に大きな問題があったり、会社に多大な損害を与えるようなミスをした場合は、新卒社員も中途採用も解雇対象になり得ますが、**新卒採用の場合、能力不足で解雇される可能性は低い**でしょう。その理由は、会社は新卒社員を教育・指導して育てる役割があるからです。

一方、中途採用には即戦力を求めている会社がほとんどです。応募者が自己申告した能力と経験を見込んで採用するため、**能力不足と判断された場合は解雇される傾向**があります。実際にスキル重視の技術職では、本採用されないケースが見られます。

とはいえ、会社に労働契約解除権はあるものの、解雇はそう簡単にはできません。「気に入らなかった」という理由では法的に解雇は認められないので、契約の解除を予告された場合は、まずは会社に説明を求めましょう。

モヤモヤ解消 Advise

Point 1 ➤ 試用期間後に本採用されないこともある。

Point 2 ➤ 中途採用の場合は、新卒社員よりも解雇される可能性が高い。

📖 試用期間満了による退職は「解雇扱い」

試用期間満了後に本採用されないことは「解雇」です。これの意味するところは、会社側による一方的な労働契約の解約です。**失業保険の受給資格を満たしていれば特定受給資格者扱いになる**場合もあり、失業手当の受給開始時期が早まります。失業手当の額が変わることもあるので、自主退職との違いを覚えておくとよいでしょう。

17

モヤモヤ 5 通勤手段を電車から自転車に勝手に変更したら、注意された！

健康のために電車から自転車通勤にしたのですが、会社から怒られました……。

勝手に通勤経路や手段を変えてはダメですよ。自転車通勤による事故が多発しているので、自転車通勤を禁止にしている会社もあります。また、社員の通勤経路について、会社は通勤災害の危険性を知っておく必要があるため、社内申請が必要です。

自転車通勤禁止の会社もあるので
通勤手段の制限については理解が必要

　本来、通勤経路は社員が自由に決めることができるもので、「合理的な経路」であればとくに問題にはなりません。しかし、通勤手段についてはマイカーや自転車通勤禁止など、禁止事項を設けている会社もあります。**許可・禁止の範囲は、就業規則を確認しましょう。**

　通勤手段が制限されている理由は、通勤途中に事故が起きた場合、社員がケガをするだけでなく、他者にケガをさせることもあるためです。また、自転車通勤は近年、死亡事故が多発しています。会社は、社員のリスクを考慮して禁止していることを理解しておきましょう。

モヤモヤ解消 Advise

Point 1 ▶ 自分勝手に通勤手段に変えてはダメ。
制限については、就業規則を確認。

Point 2 ▶ 制限があるのは万が一のリスクを考慮してのこと。

📖 通勤手当が「実費支給」の場合、
勝手に自転車通勤に変更したら通勤手当の不正受給になる

　通勤手段は通勤手当にも関係します。就業規則の通勤手当の規定に「実費を支給する」となっていれば、自転車で通勤した日の通勤手当は不正受給です。**自転車通勤を繰り返し、それが発覚した場合には、全額返還や懲戒処分、悪質な場合は刑事罰にまで発展することもある**でしょう。

　また、通勤経路は会社が決めるものではありませんが、A線を利用していたけれど、自宅から少し遠いB線のほうが本数が多いし安いからといった理由で、勝手にルートを変更していいものでもありません。この場合も、通勤手当の不正受給になります。

　さらに、会社に届け出ているルートと違った通勤経路で事故にあった場合、通勤によって社員が受けた傷病の「通勤災害（労災）」の認定が受けられない可能性もあるので注意しましょう。

19

モヤモヤ 6 郊外に引っ越して、出勤時は新幹線通勤をしたい!

就業形態の変化から、うちの会社はテレワークが多くなりました。**自然豊かな隣県に引っ越して、出勤が必要なときは新幹線で通勤したいなと思っています。**

引っ越す前に、就業規則を確認してください。
事後では予想外のことが起こるかもしれませんよ。

通勤手当は上限金額がある場合が多いので就業規則を確認すること

　コロナ禍を経てテレワークが定着した会社もあります。職種によっては、ひと月のうち数日の出社でも仕事が成り立つ場合もあるでしょう。自宅で仕事をすることが多いのだから、周囲に自然があって、間取りにもゆとりができる郊外や隣県に引っ越しを考える人も少なくありません。

　新幹線通勤を検討している場合は、就業規則の通勤手当の項目を確認しましょう。「ひと月あたり2万円を上限とする」など、ほとんどの会社で金額が設定されています。通勤手当はそもそも法律で支給義務が定められていないものなので、支給金額はそれぞれの会社で自由に決められています。

　隣県からの新幹線通勤だとしても週1回、月4回の出社でも上限を超えてしまうことはあります。上限を超えた分は自己負担になるので、遠方からの通勤は就業規則を確認してから検討するようにしましょう。

Point ▶ 通勤手当の上限を超えた費用は、自己負担になるので注意。

📖 遠方への引っ越しは「会社に相談」がおすすめ

　会社は社員に対して住所、居住地を指定することはできません。**社員には「居住・移転の自由」という権利がある**からです。とはいえ、遠方に引っ越したい場合は、事前に会社や上司に相談することをおすすめします。

　前述のとおり、通勤手当の上限に関する問題もありますが、悪天候などによって交通機関が乱れたときのために緊急連絡先を再度、確認しておく必要があるでしょう。

　会社は安全衛生管理上の責任から、社員の健康と安全に配慮することが求められています。予期せぬ事態が起こったときに、常に連携や状況が把握できる手段を、会社と遠距離通勤をする社員の間で準備しておくことが大切です。

21

モヤモヤ 7

私用携帯電話に連絡があったので、ササッと返信するのは問題ない?

仕事中、週末の遊びの連絡が私用スマホに入りました。急ぎで返事がほしいみたいだし、時間をかけずに返信するので連絡をしてもいいですよね?

就業時間中の私用スマホはやめましょう。

手元でササッと返信するだけなら、仕事を長時間中断するわけじゃないから、問題ないと思います!

電話でもSNSでも、個人的な連絡は控えるべきです。

携帯電話の私用連絡は控えて就業中は仕事に集中！

一般企業の社員は、国家公務員法・地方公務員法で「職務専念義務」が規定されている公務員と違って法律に明確な定めはありませんが、労働契約上の当然のこととして、就業中は業務に励むことが求められています。

また、会社は社員が職務に専念して、職務上の責任を果たすことに対して賃金の支払いをしているので、ノーワーク・ノーペイ（会社は働いていない部分に対して賃金を支払う義務がない）の原則から考えても、**就業中の電話、メール、SNSなどの私用連絡は控えるべきです。**

家族の訃報や事故の知らせなど、よほどの緊急連絡でない限り、休憩時間に対応するのが基本です。

モヤモヤ解消 Advise

Point 1 ▶ 社員は、当然のこととして就業中は業務に励むことが求められている。

Point 2 ▶ 緊急連絡でない限り、私用の連絡は休憩時間に対応するのが基本。

📖 連絡は「控えるべき」なら、何分、何通までなら許される？

一般企業では職務専念義務は法律で定められてはいませんが、**就業規則の「服務規律」において「就業時間中は私用の携帯電話の操作をしてはならない」と規定があれば、使用を控えるべきではなく、使用してはいけない行為**になります。

また、就業規則に携帯電話に対する文言がなく、禁止事項でない場合でも、私用連絡は何分、何通までだったら許されるかといった単純な問題ではありません。

就業中に私用連絡に短時間でも夢中になっていた場合は、職務怠慢行為として職務専念義務違反を問われます。懲戒処分を受けることにもなりかねないので、仕事中は業務に集中するのが基本です。

> モヤモヤ
> 8

職場で撮影した写真は SNSに投稿したらダメなの?

同僚と職場で写真を撮影して **SNSにアップしようとしたら、先輩から注意されました。** 活気ある職場をSNSで紹介すれば、会社のアピールになっていいと思うのですが……。

職場の様子を軽はずみにSNSに投稿すると、**大きな問題に発展することもありますよ。**

SNSへのむやみな投稿は
損害賠償に発展することもあるので注意

　職場で撮影した不適切な写真や動画、コメントをSNSに投稿した結果、会社が経営ダメージを受けたとして、社員を処分したケースがあります。昨今のニュースでも報じられているように、アルバイトという立場でも多額の賠償金が請求され、社会的制裁を受けた例もあります。

　悪ふざけではなく会社を盛り上げるための行為だとしても、社内での写真や動画の撮影は注意が必要です。重要情報が意図せず映り込む場合もあるため、**SNSへの投稿は気軽にするべきではありません。**

　また、SNSへの投稿は**インサイダー取引にも発展する可能性**があります。インサイダー取引とは、投資判断できるような未公表の内部情報を事前に知り、公表前に株式を売買する不正取引のことです。どのような立場の社員でも、SNSへの投稿は大きな問題を起こす可能性があります。

モヤモヤ解消 Advise

Point 1 ▶ 悪気がない投稿でも、会社に損害を与える可能性がある。

Point 2 ▶ 「投稿はしない」が正解！

SNSの投稿は半永久的に情報が残り続ける

　近年、働く人によるSNSへの情報投稿で企業経営に実害が及んだ例が増えており、SNSの取り扱いに関するガイドラインの作成や、社員に対して情報セキュリティー教育を強化している会社もあります。

　SNSによる情報漏洩は、投稿内容がコピー（デジタルタトゥー）されることで半永久的にインターネット上に情報が残り続けるため、ほとんどの場合で取り返しのつかない結果を招いています。**悪気のない投稿でも、会社からすれば機密情報の流出やイメージダウン、株価下落、収益ダウンに影響することもある**ので、投稿は行わないのが基本です。

| モヤモヤ 9 | 私用携帯電話を仕事に使ったら、電話代は請求できる？ |

うちの会社は仕事用の携帯電話を全員には支給していません。私は私用スマホを仕事で使っているけど、この電話代は請求できますか？

携帯電話を支給していない会社はあります。
ただし、私用スマホの利用を会社側が社員に求めているのであれば、実費相当分としてなんらかの手当が支給されていたり、精算方法が案内されているでしょう。

電話代などの「通信費」は必要経費として会社が負担

　会社から私用の携帯電話を仕事でも使うように求められている場合は、「通信費」などの名目で手当が支給されているでしょう。また、手当の支給がなければ、精算方法が就業規則や労働条件通知書に記載されているので、確認してみましょう。

　手当の支給も精算方法の記載もない場合でも、**業務に必要な経費は会社が負担するのが当然なので、電話代は請求できます。**ただし、この場合は仕事で使った携帯電話の利用分を立証しなければなりません。たとえば、仕事利用分の着信が○件、○分通話、○通のメールを受信・返信したという履歴をもとに、携帯電話の契約内容から割合を算出します。

　電話代の請求は、会社側も社員側もとても手間のかかることです。そのため、現在は実費相当分として一定額を支給する会社が増えています。その一方で私用携帯電話の業務利用が頻繁な場合は、早めに会社に社用携帯電話の支給を相談しましょう。

モヤモヤ解消 Advise

Point 1 ▶ 私用携帯電話の業務利用分は請求できる。

Point 2 ▶ まずは給与明細、就業規則、労働条件通知書を確認すること。

私物のパソコンやタブレットは原則、仕事では利用しない

　私物のパソコンやタブレットを自発的に仕事用に使っているのであれば、手当の支給はありません。また、現在は情報セキュリティーの観点からほとんどの会社でパソコン・タブレットを貸与して、私物機器の使用を求めてはいないので、手当の支給を請求したとしても認めてはくれないでしょう。

　会社の情報を私用パソコンやタブレットへ転送する行為や、それらを使って作業することは、情報セキュリティーのガイドライン違反にもなります。個人的環境での作業は仕事熱心ゆえの行為にはならないので注意しましょう。

> モヤモヤ 10

会社の制服が似合わないので、自分らしくアレンジしてもいい？

うちの会社には制服があるけれど、デザインが古いし、自分には似合わないから着たくないです。

就業規則で制服の着用が義務付けられているなら、制服を着ることは社員が遵守すべきルールです。

それなら制服のアレンジはどこまで許されますか？

会社の風紀が乱れる服装はNGです。

懲戒処分の対象になることもあるので
制服着用のルールは就業規則を確認

　服務規律とは、働く人に求められる行動規範やルール、義務のことで、会社の秩序や風紀の維持を図るために就業規則で定められているものです。そのため、就業規則に服装・身だしなみに関する服務規律がある場合は、その会社に働いている人は守る必要があります。

　服装が自由にできないことに不満を持つ人はいますが、**制服や作業着は業務上の安全や衛生面、効率性を考慮しているメリット**もあります。会社の秩序や風紀の維持だけが着用の理由でないことも理解しておきましょう。

　ルールを無視して、目にあまる装いや不快感を感じさせるような服装で会社のイメージダウンを招いた場合は、注意や指導、懲戒処分の対象になることもあります。制服のアレンジや規定を無視した着用の仕方は、会社の一員として控えるべきです。

モヤモヤ解消 Advise

Point 1 ▶ 服務規律とは、働く人が守るべきルールや義務のこと。

Point 2 ▶ 制服や作業着は、業務上の安全や衛生面、効率性を考慮していることもある。

📖 ヒゲはいいけれど、無精ヒゲはダメ！？

　男性の身だしなみとして「ヒゲ」問題がありますが、現在はヒゲを伸ばしていること自体を認めない会社は少なくなってきています。しかし、そのなかにあっても依然として**注意や指導を受けるのは「無精ヒゲ」**です。

　問題になるのは「相手に不快感を与えるかどうか」という点です。身だしなみは他人に不快感を与えないことが基本なので、無精ヒゲはその観点から注意・指摘を受ける対象になるでしょう。

　ちなみに髪型や髪色は近年、自由になってきていますが、これも「不快感を与えないこと」が基本です。社会人として自由の意味をはき違えてはいけません。

モヤモヤ 10　会社の制服が似合わないので、自分らしくアレンジしてもいい？

カジュアルになりがちな夏の服装は社会人としての品格を意識

社外の人との会議がない日くらい、ラフな服装で仕事をしてもいいと思うんです。夏ならサンダルやミュールもファッションに合わせて履いてもいいと思うんですよね。

「服装自由」の会社でも、社会人としてのマナーと品格は必要です。

年々、暑さが厳しくなってくる夏は、とくに服装のマナーが問われる時期です。「服装自由」といわれている会社でも、ビジネルカジュアルが基本でしょう。男性ならポロシャツとチノパンのコーディネート、女性ならフレンチスリーブのトップスにパンツやスカートといったように、ラフになりすぎず、清潔感のある服装を心がけるべきです。

◉ ビジネスカジュアルではない服装例

ハーフパンツ	ショートパンツ	ダメージジーンズ	キャミソール
オフショルダー	サンダル	ミュール	ビーチサンダル

ハーフパンツやショートパンツ、オフフォルダー、キャミソールといった過度な露出感のある服装は、自分からセクシャルハラスメントを誘発し、加害者・被害者どちらにもなりかねません。

また、サンダルやミュール、ダメージジーンズもビジネスシーンにふさわしくありません。会社で働くすべての人が、気持ちよく仕事を行える環境を自分からつくっていきましょう。

モヤモヤ解消 Advise

Point 1 ▶ 「服装自由」でもオフィススタイルを意識。

Point 2 ▶ 過度に露出する服や、会社のイメージを損なう服装はNG。

第**2**章

正社員がモヤモヤする

給料や
手当のこと

「ボーナスが減らされる理由」や
「今月の残業代の金額」など、
給料や手当に関して多くの人が
疑問に思っているケースを紹介。
年俸制と月給制の違いなども解
説します。

> **モヤモヤ 11**
>
> # 給料日が休日になった場合、前倒しの支払いになるのでは？

うちの会社は給料日が休日だと休み明けの支払いになります。給料って、前倒しの支払いになるのが普通ではないんですか？

給料の支給日が休日に重なる場合は、その翌日に払っても問題はなく、法律違反ではありません。繰り下げて支払われているのであれば、支払いルールが就業規則に記載されていますよ。

え？　そんなことまで書いてあるんですか？

はい、そうです。確認してみてください。

給料の支払いルールは就業規則で確認

給料は、労働条件通知書に記載されている金額だけを見て、就業規則まで確認している人は多くないでしょう。しかし、就業規則には給与規定が記載されているので、こちらにも目を向ける必要があります。

規定の中には給与の計算期間や支給日、控除のことなどが書かれています。 給料の支給日が休日に重なる場合の対応も、「その直前（直後）の営業日に支払いを繰り上げる（繰り下げる）ものとする」と支払いルールの記載があるので、規定を確認しましょう。

なお、就業規則に支払いのルールが書かれてあれば、休日明けに繰り下げて給料を支払っても法律違反にはあたりません。

Point ▶ 就業規則に規定があれば、休日明けの給料支払いでも違法ではない。

📖 賃金支払いの5原則

給料には、労働基準法に「**賃金支払いの5原則」というルールがあります。**

「賃金の支給日が休日の場合の対応」は、このうち**5**の例外規定に該当します。

また、たとえば賞与や結婚祝い金など、給料とは別に支給される臨時の賃金は、**4**の例外にされています。

賃金支払いの5原則

1. 通貨で
2. 直接、労働者に
3. その全額を
4. 毎月1回以上
5. 一定の期日を定めて支払わなければならない

モヤモヤ 11　給料日が休日になった場合、前倒しの支払いになるのでは？

昇給のタイミングも規定されている

来月の給料日に給料が少しでもアップしてくれたら、もっと仕事ががんばれそうな気がします。

昇給は会社によってタイミングが決まっています。労働条件通知書と就業規則を確認してみてください。

　給料のアップは、働いている人にとって仕事のモチベーションが上がるきっかけですが、昇給も会社が定めた規定に沿って行われます。**昇給の有無は労働条件通知書に、実施日については就業規則に明記されている**ので、どちらの書類も確認しましょう。

　昇給は基本給が上がることですが、最近では年齢や勤続年数による定期昇給は少なくなり、仕事の成果に応じて行われるのが一般的になってきています。また、給料は主に能力評価と業績評価、人事評価（情意評価）の3つを査定した結果が反映されます。人によって昇給の金額に差がでるのは、それぞれの判定レベルが違うためです。

Point ▶ 能力評価と業績評価、人事評価の判定の差により、昇給額に違いがでる。

昇給「なし」でも違法ではない

労働条件通知書では「昇給あり」とあったのに、
昇給のタイミングがきても、給料が上がっていませんでした。

昇給の条件を満たしていなかったら、昇給がないこともあります。

　昇給は「毎年4月」「毎年10月」といったように、それぞれの会社でタイミングを決めて行われますが、労働条件通知書に「昇給なし」との記載があれば、そもそも会社は昇給をしなくても問題はありません。国内には昇給がない会社も一定数、存在します。

定期昇給制度がない会社の割合

一般職	**15.4%**
管理職	**20.9%**

厚生労働省による「令和5年賃金引上げ等の実態に関する調査の概況」より。

　また、労働条件通知書に「昇給あり」と記載されていても、タイミングがきても給料が上がらないということはあります。この場合、該当する期の会社の業績が関係していることもありますが、自分だけが上がらないときは、昇給基準を満たしていないことが考えられます。

　目標を大きく下回っていたり、遅刻や無断欠勤をしたり、仕事への意欲など勤務態度が悪かった場合にも昇給は見送られることがあります。 就業規則に「本人の勤務成績を勘案」と記載があれば、昇給のタイミングで基本給を引き上げなくても違法にはなりません。

モヤモヤ解消 Advise

Point ▶ 労働条件通知書で「昇給あり」となっていても、勤務成績が勘案されて「昇給なし」になることもある。

モヤモヤ 12 今期は仕事をがんばったのに、ボーナスを減額されました……

ボーナスはもらえたけど、**前回よりも金額が減っています。**
今期はかなりがんばったのに、おかしい！

ボーナスは法律上、会社が働く人に支払う義務のないお金です。
金額も会社が決めることができます。

ボーナスの金額も、支払い回数も、会社が独自に決められる

　賞与、つまり「ボーナス」と一般的にいわれている臨時の賃金は、法律上、会社が社員に支払う義務のないお金なので、支払われる回数や時期、金額についても決まりはありません。

　そもそも賞与のない会社すら存在します。

　賞与のある・なしについては、労働条件通知書で確認できますが、支給があるからといってそこで安心してはいけません。就業規則にも目を通して、賞与についてどのような記載がされているか確認しましょう。

> **ボーナスがない会社の割合**
>
> **国内の会社のうち約3割**
>
> 厚生労働省による「毎月勤労統計調査（令和5年夏季賞与）」より。調査した業種のうち、65.9%で支給があったため、逆から見ると約3割の会社でボーナスが支給されていないことになります。

　たとえば、就業規則で「支給することがある」となっていたら、裏を返せば「支給しないこともある」という意味にもなります。「会社の業績並びに勤務成績を勘案し、その都度これを定める」となっていた場合は、どんなに自分が仕事をがんばっても、**会社全体で業績が不振であれば、予想よりも賞与額が少なかったり、支給されないこともあるでしょう。**

　また、求人情報に「ボーナス平均2.5カ月」と書いてあれば、支給は約束されたのも同然と思っている人もいますが、これはこれまでの支払い実績にすぎません。

　賞与の支給条件については、労働条件通知書と就業規則を確認しておくことが大切です。

モヤモヤ解消 Advise

Point 1 ▶ 賞与は法律上、会社には支給義務がない。
Point 2 ▶ 賞与の支給条件は、就業規則を確認。

37

| モヤモヤ 13 | 退職が決まっているせいなのか、ボーナスを減額された!? |

ボーナスの支給月と退職する月が一緒です。
ボーナスの額を見たら、なんだか少ない気がします！

ボーナス、つまり賞与は、支払いの回数、時期、金額すべて会社が独自に設定できますし、そもそも働く人に支払う義務のないお金です。したがって、退職時に賞与の金額が自分の予想と違うということはあり得ます。

退職者のボーナスを減額しても法律違反にはならない

　退職予定者の賞与（ボーナス）額が思っていたよりも少なかった、というのはよく耳にする話です。賞与は法律上、会社が支給内容を自由に決められる賃金なので、**金額が自分の予想より少なかったとしても法律違反にはなりません。** また、賞与は働いている人のモチベーションアップにつなげるためのものなので、**退職者の金額を減額することはあり得ます。** 就業規則に退職者を対象にした賞与の支払い基準や算定方法が定められている場合はルール通りに支払われますが、とくに記載がない場合、退職者には今後の働きが期待できないので、賞与が減額されることもあるでしょう。

モヤモヤ解消 Advise

Point ▶ 賞与は、仕事へのモチベーションを高めるもの。今後の活躍がない退職者は、減額支給されることもある。

📖 ボーナスをもらってから退職をしたいなら、退職日に注意！

　退職にまつわる賞与トラブルに、支給日の在籍要件に関するものがあります。在籍要件とは、会社と社員が雇用関係を結んでいることで、退職予定者の有休消化期間中も在籍していることになります。

　たとえば、4月〜9月が賞与の算定期間で12月10日が支給日だった場合、就業規則に「賞与は支給日に在籍している者に対して支給する」とあれば、12月1日で退職した人に賞与の支払いは発生しません。そのため、**賞与の支給を受けてから退職したいときは、在籍要件を就業規則で確認したあとに退職日を決めましょう。**

　ところで、自発的な退職ではなく、人員削減のための整理解雇のように自分で退職日を決められない場合は、社員が不利益になることが多いので、在籍要件にかかわらず賞与が支給された例があります。ただし、定年退職者については、賞与支給日の在籍要件が適用される傾向にあり、賞与が支払われなかったことがあります。

> モヤモヤ
> 14

転職先が年俸制になるのですが、月給制との違いはなんですか？

今の会社は月給制ですが、転職を検討している会社は年俸制です。年俸制ってイマイチ、どういう制度なのかわからないんですよね。

年俸制は1年間に支払われる給与額が決定している形態です。

1年間ということは、ガバッと1年分の給料が一括で支払われるのですか？

いいえ。年俸制でも毎月、支払いがありますよ。

年俸制は、1年間に支払われる給与額が事前に決定している形態

　年齢に関係なく有能な人材を評価する成果主義の会社が増えるとともに、近年、能力に応じて賃金を支払う年俸制を取り入れる会社も増えてきています。しかし、年俸制と月給制の違いを理解していない人は多いようです。

　年俸制とは、働く人の能力を踏まえて事前に1年間に支払われる給与額が決定している給与形態であり、月給制とは給与が月額で決まっている給与形態のことです。

　賃金の支払いは、労働基準法の「賃金支払いの5原則」によって、「毎月一回以上、一定の期間を定めて支払わなければならない」と定められているので、**年俸制でも月給制でも毎月、給料は支払われます。**

● 年俸制と月給制の違い

年俸制	1年間の給与支給額が事前に決まっている。	どちらも労働基準法により、毎月の賃金支払いが定められている。
月給制	給与支給額が月額で決まっている。	

　年俸制の月額は、総支給額を12分の1にして支給している会社が一般的ですが、賞与（ボーナス）との関係により、14分の1や16分の1で計算している会社もあります。

● 年俸制の月額

$$総支給額（年俸）÷ 12 ＝ 毎月、支払われる給与額$$

Point 1 ▶ 年俸制を取り入れる会社は増えている。

Point 2 ▶ 年俸制でも、毎月、給料の支払いがある。

モヤモヤ 14　転職先が年俸制になるのですが、月給制との違いはなんですか？

年俸制でもボーナスが支給される会社もある

年俸制だとボーナスはどうなるんですか？

ボーナスのある会社とない会社があり、なくても法律上は問題ありません。

　そもそも賞与は法律上、会社が社員に支払う義務がない賃金なので、年俸制でも月給制でも賞与のある会社とない会社が存在します。また、賞与がなくても違法ではありません。年俸制で賞与がある場合は、**会社との労働契約のときに支払われ方についてチェックしておく**とよいでしょう。

　支払われ方は、次の2通りが考えられます。

◉ 年俸制の賞与の支払われ方の例

賞与が年俸に含まれていて、賞与が年2回、2カ月分の場合	総支給額（年俸）÷16＝毎月支払われる給与額 例）総支給額600万円÷16＝37万5,000円で、賞与が2カ月分の場合、賞与支給月に112万5,000円が支払われる。
賞与が別途、支給される場合	総支給額（年俸）÷12＝毎月支払われる給与額 例）総支給額600万円÷12＝50万円で、賞与支給月は50万円に賞与が加算された額が支払われる。

　賞与が年俸に含まれていて、たとえば年に2回、6月と12月にそれぞれ2カ月分の支給がある場合は、総支給額から16等分され、該当月に〈毎月の給与＋2カ月分〉が支払われます。一方、会社や個人の業績に応じて、毎月の給与とは別に賞与が追加支給される場合は、月額に賞与分がたされて支払われます。

Point ▶ 年俸制の賞与は、2通りの支払われ方がある。

年俸制と月給制はどちらにもメリットがある

結局のところ、**年俸制と月給制はどっちが得なのかわかりません。**

年俸制は1年間の金額が決まっているし、保証されていますよね。とはいえ、**月給制はがんばれば素早くリターンがあります。**

　年俸制は、1年ごとに給与の総支給額の合意と更改を行う給与形態です。期が始まる前に会社と契約を取り交わすので、契約中に経営が傾いても会社から全額が支払われるメリットがあります。

　一方、月給制の場合は、業績不振などで賞与の増減はありますが、算定期間中に仕事で成果を上げれば、その分がすぐに反映されるメリットがあるでしょう。

● 年俸制と月給制のそれぞれのメリット

年俸制	期が始まる前に会社と契約を交わすので、総支給額（年俸）が保証されている。賞与が総支給額に含まれている場合、経営が傾いても会社から支払われる。
月給制	算定期間中に仕事で成果を上げれば、該当する期の賞与で素早くリターンがあり、翌年の昇給にも期待がもてる。評価を実感しやすい。

　会社にとって年俸制のほうがあらかじめ人件費が把握できる利点はありますが、働いている人にとっては、**年間の給与総支給額が事前に決まっている年俸制と、リターンを素早く実感できる月給制は、甲乙つけがたい給与形態**といえます。

モヤモヤ解消 Advise

Point ➤ **仕事へのモチベーションがキープできる給与形態が、自分に合うスタイルだと考える。**

> モヤモヤ 15

今月は深夜まで働いた！
残業代はどのくらいかな？

今月は、遅くまで残業した日が結構ありました。
残業代はどのくらいになるんだろう？

残業は、深夜まで働いた日もありましたか？

はい。23時まで会社にいた日もありました。

残業代の割増率は法律で決まっているので、
自分で計算できますよ。

残業代が割増計算されるのは
時間外労働、休日労働、深夜労働の3種類

残業とは勤務時間を延長して労働することで、**残業に関する労使協定（36協定）を会社と社員の代表者間で締結している場合にのみできるものです。**労働基準法では法定労働時間（原則として1日8時間、週40時間）を超えた労働を「時間外労働」とよび、残業代は法律で定められている割増率に基づいて計算されます。

また、休日労働や深夜労働（22時〜翌朝5時の勤務）の場合も、一定率以上を増額して支払われる割増賃金労働の対象です。

● 割増賃金の種類と割増率

種類	条件	割増率
時間外労働	法定労働時間（1日8時間、週40時間）を超えたとき	**25%以上**
時間外労働	時間外労働が限度時間（1カ月45時間、1年360時間など）を超えたとき	**25%以上**
時間外労働	時間外労働が1カ月60時間を超えたとき（※）	**50%以上**（※）
休日労働	法定休日（週1日）に勤務したとき	**35%以上**
深夜労働	22時から翌朝5時までの間に勤務したとき	**25%以上**

※の詳しい説明は、47ページ下を参照

● 1時間あたりの賃金1,500円の人が
9時〜23時（休憩1時間）まで勤務した場合の割増賃金例

18時〜22時 → **1,500円 × 1.25 × 4時間 = 7,500円**

22時〜23時 → **1,500円 × 1.50**(1.25 + 0.25) **× 1時間 = 2,250円**

Point ▶ 働いた時間帯などによって、残業代の割増率は違う。

モヤモヤ 15　今月は深夜まで働いた！ 残業代はどのくらいかな？

休日労働＋深夜労働したときの計算方法

休日出勤をして、しかもその日は夜遅くまで仕事しました。
その場合はどういう計算になりますか？

その場合も割増率に沿って考えます。

　休日労働とは、「法定休日」に労働することで、会社は働く人に1週間に1回の法定休日を付与することが労働基準法で定められています（例外的に4週間に4日以上の場合もあり）。

　これは各会社、就業規則で設定していますが、日曜日（法定休日）に勤務した場合は、次のような割増率で計算されます。

◉ **1時間あたりの賃金1,500円の人が**
　法定休日である日曜日に9時〜23時（休憩1時間）まで
　勤務した場合の割増賃金例

9時〜22時 ➡ 1,500円 × 1.35 × 12時間 = 24,300円
22時〜23時 ➡ 1,500円 × 1.60（1.35＋0.25）× 1時間 = 2,400円

　ちなみに、すでに月曜日〜金曜日に1日8時間、計40時間働いている場合、土曜日の勤務（法定外休日勤務）は、時間外労働の割増率（25％以上）が適用されます。

Point ▶ 休日労働とは法定休日に労働することで、割増率は35％以上。

月給制のときの基礎賃金の計算方法

ところで月給制の場合、**1時間あたりの賃金は、どうやって計算するのでしょうか？**

基本給のほかに各種手当を加えた**月給で算出することができます。**

　残業代を計算するための1時間あたりの賃金は「基礎賃金」とよばれ、基本給に各種手当（資格手当や役職手当などのこと。通勤手当や住宅手当などは含まれない）を加えて算出した額を指します。これを求めるには、**(1) 1カ月の平均労働時間を計算、(2) 月給から基礎賃金を算出**します。

◉ 1カ月の平均労働時間と月給制の基礎賃金算出法
（年間休日125日、1日の労働時間8時間、月給24万円の場合）

(1) 年間の勤務日数（1年365日−年間休日数）×1日の労働時間÷12カ月
　　＝1カ月の平均労働時間

● （1年365日−125日）×8時間÷12カ月 ＝ **160時間**

(2) 月給（基本給＋各種手当）÷1カ月の平均労働時間＝基礎賃金

● **月給240,000円** ÷ **160時間** ＝ **1,500円**

モヤモヤ解消 Advise

Point ▶ 基礎賃金がわかれば、残業代が正確に計算できる。

📖 時間外労働が月60時間を超えると50％以上の割増率に！

　「時間外労働が1カ月60時間を超えたときは、割増率が50％以上になる」という法律は、2023年4月1日から中小企業にも適用されています。ただし、**50％以上の割増率になるのは60時間を超えた部分のみ**です。正しく覚えておきましょう。

| モヤモヤ 16 | 残業代がないと生活が苦しいので毎日、残業しようと思います！ |

正直、残業代がないと生活費がたりません。
毎日、積極的に残業しようと思います。

意図的に残業することはできません。また、残業をしているフリをする「カラ残業」はもってのほかで、違法行為にあたります。
生活費がほしいからといっても、勝手な判断の残業はやめましょう。

社員に「働く義務」はあっても、「働く権利」には指揮命令・判断が必要

　物価が高騰しているのに給料が上がらない、という社会的な状況を背景に、残業代を生活費の支えにしている人がいます。しかし、社員に「働く義務」はあっても、「働く権利」はありません。

　たとえば、働いている人は仕事を完了させる義務がありますが、**上司が明日でも構わないと言っているものに対しては、残業してまでその仕事を終わらせる必要はありません。**社員本人が残業は会社に貢献する行為だと思っても、原則、仕事の命令権は会社にあります。そのため、残業は上司の指揮命令・判断のもとで行います。

　また、長時間労働により健康を害する事例が多く発生していることを背景に、会社は働く人の安全と健康の確保を求められているため、現在はより一層、残業をさせない方向に世の中は進んでいます。

モヤモヤ解消 Advise

Point 1 ▶ 会社に貢献したいと思っても、残業は上司の指揮命令・判断のもとで行う。

Point 2 ▶ 長時間労働による健康被害などがあり、残業をさせない方向へと社会は変化している。

上司の時間の見積もりと自分の処理能力が合わない場合

　残業には別の問題も発生しています。たとえば「自分はAの仕事は2時間かかると申告したのに、上司の見込みは1時間。結局、仕事が終わらず、上司の見込み時間を超えて残業をした」というケースです。

　この場合は、**上司の管理ミス**と言わざるを得ません。また、チームで取り組む仕事なら、作業量と人数の配分ミスも考えられます。上司の管理の甘さや、ミスリードによる時短ハラスメントとも受け取れかねないでしょう。

　上司が労働時間の短縮だけを執拗に求めてくる場合は、人事・労務部門などに申し入れ、改善を求めましょう。

> モヤモヤ 17

固定残業代分まで働いていませんが、全額もらっていいですか？

残業せずに
残業代をもらうぞ〜！

今の会社に入社したときに「給料には20時間分の固定残業代がついています」と言われました。現状、**毎月20時間も残業なんてしていませんが、すべてもらっていいのでしょうか？**

問題ありません。
決められた残業時間に届かなくても全額もらってOKです。

たとえ残業0時間でも、固定残業代は全額支払われる

固定残業代は、賃金の一部です。賃金については労働基準法のとおり、**労働条件通知書に金額などの明示が定められているだけでなく、就業規則にも賃金規定の記載が義務付けられています。**また、職業安定法によって、求人募集の情報にも固定残業代制度を導入している

固定残業代とは？

「みなし残業代」ともいい、あらかじめ決められた一定時間分の時間外労働分が支払われる制度のこと。時間外労働の発生がまったくなくても、必ず毎月定額で支払われる。

場合は掲載が義務付けられ、若者雇用促進法でも正確、かつ適切な表示をするように定められています。

会社との労働契約内容に固定残業代がある場合、たとえば毎月20時間分の固定残業代が設定されているなら、残業時間がそれに届かなくても、契約のとおりに全額が支払われます。

Point ▶ 固定残業代は「みなし残業代」ともいう。

📖 固定残業代制度で効率よく働く人が増えた!?

固定残業代は、残業をしなくても会社と事前に決めた残業代の全額が支払われる制度です。そのため、勤務時間内で効率よく働いて、固定残業代の支払いを受けようとする人が増えています。

その一方で、会社にとって労働が発生していないのに支払う固定残業代は不要な経費のため、業務の効率化が進んだことを理由に、これまで実施してきた**固定残業代制を廃止する会社もあるようです。**

長時間労働をさせる会社を評価しない・評価されない社会へと変化してきている背景もあり、時間外労働があることを前提にした固定残業代制は転換期にきているといえます。

モヤモヤ 17　固定残業代分まで働いていませんが、全額もらっていいですか？

固定残業代分以上を働いたら、通常の残業扱い

うちの会社には固定残業代がありますが、決められた時間以上の残業をしています。**余計に働いた分の残業代は請求できないですよね？**

いいえ、請求できます。取り決めた時間以上に働いた場合は、**追加の残業代が発生**します。

　固定残業代分以上を働いた場合は、追加の残業代の支払いを受けられます。たとえば固定残業代の労働時間が月20時間のところ、月に計30時間の残業をしたなら、10時間分の残業代が請求できます。

　勤務記録を正しくつけているにもかかわらず支払われない場合は、未払い賃金になるので、**残業した証拠を用意して、労働基準監督署に相談しましょう。**勤怠履歴や残業申請・承認のやりとり、残業時間中にメールを送付していたならそれも証拠になります。

Point ▶ 残業代の未払いは、残業の証拠を準備して労働基準監督署へ相談。

📖 固定残業代制度へのブラックイメージは薄らいでいる!?

　以前は、「固定残業代を支給しているのだから、どれだけ社員を残業させてもそれ以上の給料を払わなくていいだろう」という間違った認識や、制度を悪用した会社もあり、固定残業代制度はブラックなイメージがありました。

　しかし、現在は働く人からの訴えや労働基準監督署による指導もあり、**超過分の労働に対する賃金について正しい知識が根付いてきています。**効率よく働いて、固定残業代の支払いを受ける人も増えているので、ブラックなイメージは薄らいできているでしょう。

固定残業代が廃止される場合は、正しい知識で対応！

ほとんど残業をしないで固定残業代をもらっている人が増えたので、固定残業代が廃止されるかもって社内のウワサがあります。手当がなくなったら、今の生活ができなくなるので不安です。

固定残業代の一方的な廃止は、会社都合で勝手には行えません。

労働契約法では、会社が社員の不利益になるような労働条件に、一方的に変更することを原則禁じています。**固定残業代の減額・廃止はこれにあたる**ため、変更される場合は、労働組合や社員の代表者あるいは社員個人と協議され、働いている人が不利益を受けないように一定期間の代替措置がとられるのが一般的です。

◉ 固定残業代が廃止される場合の代替措置例

基本給20万円　　**固定残業代10万円**
↓
基本給30万円とする措置

たとえば30万円の月給のうち、20万円が基本給で10万円が固定残業代だった場合、固定残業代の10万円を基本給に含めて30万円にして、社員の生活に大きな影響がでないように配慮されるでしょう。

労働条件の不利益変更を会社がした場合は、裁判ともなれば厳しい判断がされる傾向にあります。固定残業代の減額や廃止には正しい知識で対応していきましょう。

Point ▶ 固定残業代の減額・廃止は、会社都合で勝手には行えない。

> モヤモヤ 18

今度、主任に昇進します！
役職者には残業代がないって本当？

主任を任せると上司から話がありました。初めて部下もできます。うれしいのですが、役職に就くと管理者扱いで残業代は発生しないと聞いたことがあります。本当でしょうか？

昇進、おめでとうございます。
ただ、主任は残業代がなくなるような管理監督者ではありませんね。

部下ができても管理監督者にはならず、残業代は支払われる

役職に就くと残業代はでない、という話がよくありますが、**正しくは「管理監督者には残業代がでない」**です。

労働基準法の「監督若しくは管理の地位にある者」について、厚生労働省の行政解釈は、「一般的には部長、工場長等労働条件の決定、その他労務管理について経営者と一体的な立場にある者の意であり、名称にとらわれず、実態に即して判断すべきもの」と示しています。

そのため主任やチーフ、リーダーに昇進しても、それにはあてはまらないため残業代は支払われます。

また、管理職あるいは上位の役職に就く人を管理監督者ととらえる人もいますが、会社の経営を左右するような立場や事業に関する決定権がなければ、管理監督者ではありません。たとえば、**部長という肩書きの人でも、権限によって管理監督者ではない人がいます。**

さて、「管理監督者には残業代が支払われない」件ですが、これは**管理監督者になると労働時間、休憩、休日といった労働基準法上の一部の規定が適用されないため**です。よって時間外労働（残業）、休日出勤にも割増賃金は支払われません。

モヤモヤ解消 Advise

Point 1 ▶ 部長でも権限の違いで、残業代が出る人と出ない人がいる。

Point 2 ▶ 管理監督者には労働時間、休憩、休日といった、一部の労働基準法の規定が適用されないため、残業代は支払われない。

モヤモヤ 19 災害によって働けなくなったら、会社はなにをしてくれる？

地震や水害など、日本は災害が多い国ですが、緊急事態で働けなくなったとき、**会社はフォローをしてくれるのでしょうか。**

会社には「賃金の非常時払い」という義務があります。
災害以外にも適用されるケースがありますよ。

会社には「賃金の非常時払い」という義務がある

労働基準法では、**ある一定の場合において、会社は働く人から賃金の支払いを請求されたときは、既往の労働に対する賃金を支払わなければならない**と定めています。ある一定の場合には災害がありますが、地震や水害だけでなく、火災もその範囲です。また、ほかには出産や疾病もあり、疾病は業務外のケガや病気も含まれます。

対象になるのは社員本人だけでなく、「労働者の収入によって生計を維持する者」も該当します。そのため親族に限らず、一緒に生活をしている人の身に非常時にあたるケースが発生した場合は、会社に申し出ることができます。

◉ 非常時として認められるケース

労働者本人またはその労働者の収入によって生計を維持する者が、

1. 出産した場合
2. 疾病にかかった場合
3. 災害を受けた場合
4. 結婚した場合
5. 死亡した場合
6. やむを得ない事由により1週間以上にわたって帰郷する場合

賃金の非常時払いで注意したい点は、「既往の労働に対する賃金」が支払われるところです。つまり、1カ月分をまるまる請求できるのではなく、働いた分だけが対象になります。

たとえば、月末締めの会社で月の初めから6日まで働き、7日目に請求するのであれば、6日分が請求できる範囲です。もし、請求する前日まで残業をしていた場合は、**残業代も非常時払いとして受け取れます。**

モヤモヤ解消 Advise

Point ▶ 賃金の非常時払いは、災害だけでなく、結婚や死亡、帰省も認められる。

モヤモヤ 20 会社が倒産！未払いの給料はどうなる？

会社が倒産しました。支払われていない給料はどうなりますか？

未払いの賃金がある場合は、**行政が会社に代わって立替払いしてくれる制度があります。**

給料はもらえるんですね。

はい。ただし立替払いされる額は、**支払われていない賃金総額の8割程度です。**

行政が立替払いしてくれるのは未払い賃金の8割程度

　企業規模の大小にかかわらず、倒産はあり得ます。もし会社が倒産して未払いの給料があった場合は、「賃金の支払の確保等に関する法律（賃確法）」の規定によって、全国の労働基準監督署及び労働者健康安全機構が、「未払賃金立替払制度」を実施してくれます。**まずは最寄りの労働基準監督署に相談しましょう。**

　ただし、**立替払いされる額は、未払い賃金の8割ほど**で、立替払いを受けるには一定の条件があります。また、行政の支援後、会社には当然のことながら支払い能力がないので、追加の支給は見込めません。

◉ 立替払いを受けられる倒産の条件

1 1年以上、事業活動を行ってきた会社が破産や特別清算、民事再生、会社更生の手続きの開始をした場合。

2 事業活動が停止した中小企業で、再開する見込みがなく、賃金の支払い能力がない場合。

◉ 立替払いの対象になる未払い賃金
働く人が退職した日の6カ月前から立替払いを請求する前日までの定期賃金と退職手当。

◉ 立替払いの対象にならない未払い賃金
賞与と未払い賃金の総額が2万円未満の賃金。

◉ 立替払いの限度額
未払い賃金の総額の8割に相当する金額。ただし、退職日の年齢に応じて88万円〜296万円の上限額が定められている。

　会社が倒産したときは、短い待機期間で失業手当を受け取れたり、増額されるなどの優遇措置があります。急な倒産で会社から離職票を発行してもらえなかった場合でも、ハローワークに相談すれば給付までのアドバイスをしてもらえます。

モヤモヤ解消 Advise

Point ▶ **倒産による未払い賃金については、最寄りの労働基準監督署に相談。**

モヤモヤ 21 テレワークをしたときの電気代と通信費は請求できる?

自宅でテレワークをしています。自宅の電気を結構、仕事で使っているので、その分は会社に請求できますよね?

請求はできます。でも、その前に会社のルールがどうなっているのか確認してみてください。

光熱費や通信費は、「テレワーク勤務手当」などを導入している会社が多い

テレワークの実施については、厚生労働省からガイドラインが示されていて、費用の面だけでなく、実施の留意点、対象者、人事評価制度などについても言及されています。また、**テレワークで発生する費用は、あらかじめ労使で十分に話し合い、会社ごとの状況に応じたルールを定めるように推奨**されています。

◉ テレワークの導入によって社員に費用が発生する対象例

1 情報通信機器の費用　　**2** 通信費

3 文具などの消耗品費用　**4** 光熱費

※厚生労働省「テレワークの適切な導入及び実施の推進のためのガイドライン」より。

「テレワークの導入によって社員に費用が発生する対象例」のうち、**1**情報通信機器の費用、**3**文具などの消耗品費用については、会社からパソコンや携帯電話の貸与があったり、消耗品は配布されるといった対応がすでにとられているでしょう。

2通信費と**4**光熱費については、個人使用と業務使用との切り分けが難しいため、合理的かつ客観的な観点から計算された一定額を、テレワーク勤務手当などで支給している会社が多く見られます。仕事で使用した分は会社に請求できますが、まずは就業規則で手当について確認しましょう。

なお、手当として支給されている場合は、給料と同じく課税（源泉所得税）されますが、電気料金明細書などを提出して実費精算する場合は、課税されません。

Point ▶ 経費は会社に請求できるが、まずは就業規則で手当について確認。

> モヤモヤ 21　テレワークをしたときの電気代と通信費は請求できる?

通勤手当とテレワーク勤務手当は二重支給されないこともある

週に1〜2日ほどテレワークをしていますが、テレワーク勤務手当の支給がありません。なぜ、**手当はもらえないのでしょうか?**

仕事で使った通信費や光熱費は、利用分を証明すれば会社に請求できます。ただし、**通勤手当をもらっているなら、テレワーク勤務手当は受けられないこともあります。**

　テレワークをひと月に数日間行っている人で、通勤手当が全額支給されている場合は、テレワーク勤務手当は支給されないことがあります。会社によっては就業規則で**通勤手当とテレワーク勤務手当を二重に支給しないことを定めている場合もある**ため、まずは会社の規定を確認してみましょう。

　手当は会社でしっかり計算されているだけでなく、働く人が不利にならないように、さらに社員間で不公平にならないように計算・設計されています。そのため、通勤手当とテレワーク勤務手当のどちらを支給するか、ひと月のテレワーク実施日数を基準に決めている会社もあります。たとえば月の半分以上をテレワークする場合はテレワーク勤務手当、それ以下なら通勤手当の支給といったように、一定のルールに沿った支給が行われています。

Point ▶ 通勤手当とテレワーク勤務手当は、どちらか一方を支給する会社が多い。

第 **3** 章

正社員がモヤモヤする

労働時間や 休暇のこと

労働時間や休暇は、「仕事と生活の調和」を意味するワークライフバランスにも関係します。働く時間や残業の決まりごと、有給休暇がもらえる条件など、働き方と生活に直結する問題を解決!

> モヤモヤ
> 22

終業時間がきたら「帰れ〜!」 働く時間の決まりって?

うちの会社は9時〜18時が勤務時間です。
終業時間になると、「早く帰れ〜!」と冗談まじりに上司に言われますが、
仕事をする時間にはどんな決まりがあるのでしょうか?

働く時間は、**上限時間が労働基準法で定められています。**

労働時間の原則は1日8時間、週40時間

労働時間とは、働く人が会社の指揮命令のもとにある時間を指します。労働基準法には労働時間に関する規定が定められており、「1日8時間、週40時間を超えて労働させてはならない」となっています。そして、この**1日8時間、週40時間のことを法定労働時間**といいます。

ちなみにそれ以上の勤務部分、つまり残業は時間外労働といいます。

◉ 9時～18時（休憩1時間）まで勤務する人の法定労働時間と時間外労働

9:00	12:00	13:00		18:00		22:00
労働時間	休憩		労働時間			
←――――― 法定労働時間 ―――――→					←時間外労働→	

Point ▶ 働く時間の上限は、法律で定められている。

📖 小売業や飲食店では1日8時間、週44時間

法定労働時間の1日8時間、週40時間はあくまでも原則で、小売業や飲食店、理美容業、旅館、病院、映画館といった「特例措置対象事業場」とよばれる業種には、これとは違った規定があります。

前述の業種で、常時10人未満の店舗や会社は、特例に基づいた労働時間が設定されており、**1日8時間、週44時間が法定労働時間**です。該当する店舗や会社で働いている場合は、労働条件通知書や就業規則を確認してみるとよいでしょう。

> モヤモヤ 23

「36(サブロク)協定」とはいったいなんのこと?

スタッフがたりなくて、とにかく仕事が増えています。毎日、残業しないと間に合いません。

残業するには、そもそも「36協定」が必要です。また、残業時間にも限度があるので、毎日、長時間勤務はできません。

サブロク……? それはいったい、なんのことですか?

残業や休日労働についての労使間協定のこと

人手不足が慢性化しており、社会問題にもなっています。業種によっては、人数と仕事量が合わず、社員の負担が大きくなっている会社もあるでしょう。残業は上司の指揮命令・判断のもとに実行するものですが、**いくら指示や許可があったからといっても無制限にできるものではありません。**

36協定とは？

労働基準法第36条によって定められている、時間外労働や休日労働に関する労使協定のこと。条文の数字をとって「36（サブロク）協定」という。会社と働く人の代表者間で締結し、所轄の労働基準監督署に届け出る必要がある。

また、法定労働時間（原則、1日8時間、週40時間）を超えた残業は、36協定がなければできません。協定を結んでいない残業は違法になるので、まずは会社と働く人の代表者間で締結されているかどうか、社内で保管されている協定書を確認するとよいでしょう。

さて、時間外労働の限度時間ですが、例外やそのほかの細かい規定はあるものの、**1カ月45時間かつ1年360時間が原則**です。2024年4月からは建設業、トラックやバス、タクシードライバーなどの運送業、医師にも上限規制が適用され、違反すると会社には罰則が与えられます。

◎ 時間外労働の限度時間

1カ月 ·····> 45時間 かつ 1年 ·····> 360時間

残業時間は自己管理も大切です。残業している日が多く、限度を超えそうなら、上司に自分の時間外労働の総時間を伝えて調整しましょう。

モヤモヤ解消 Advise

Point 1 ▶ 時間外労働の限度時間は、1カ月45時間、かつ1年360時間。

Point 2 ▶ 時間外労働は、自己管理と把握も大切。

モヤモヤ 23　「36（サブロク）協定」とはいったいなんのこと？

特別条項付き協定の残業には注意が必要

転職した会社は特別条項付き協定だから、限度時間以上の残業ができると上司が言います。それは無限残業協定ってことですか？

違います。**特別条項付き協定は無限残業協定ではありません。**

特別条項付き協定とは、36協定で締結した時間を超えて労働させることができる例外的な措置です。 しかし、この理解を間違えて月45時間以上の残業を無制限に指示する上司がいるようです。会社が正しい知識をもつことはもちろんですが、働いている人にも正しい理解が必要です。

◎ 特別条項付き協定での上限

時間外労働＋休日労働	月100時間未満
時間外労働のみ	年720時間以内
限度時間を上回る月数	年6カ月まで

　特別条項付き協定の労働は、時間外労働＋休日労働は単月で100時間未満ですが、じつはこれには2〜6カ月平均でひと月の労働時間が80時間を超えないこと、という規定もあります。例外的措置ということもあり、予定外の大量の仕事が発生したときなど、あくまでも繁忙期や緊急時を乗り切る場合にのみ労働が認められます。

　上司の指示で規定の時間以上の残業をしたり、会社に貢献したくて社員が自主的に長時間の残業を行うのも処罰の対象です。**働く時間の管理と把握を徹底しましょう。**

Point ➤ **特別条項付き協定の労働時間にも上限がある。**

社員の代表が労使協定を締結

「労働者代表になってよ」と社内で声をかけられました……。
なにをするんですか？

労使協定を結ぶときの**代表締結者**ですね。

36協定や特別条項付き協定は労使協定です。つまり、働く人と会社で取り交わされる約束事で、これを会社と締結するのが「労働者代表」です。労働者代表には2通りあり、**労働組合がない会社では、投票や話し合いなどによって社員から選出されます。**

 労働者の過半数で組織する労働組合の組合長

 労働組合がない場合は、労働者の過半数を代表する人

人事から「あなたを労働者代表に選出しました」と口頭で伝えられ、どんな役割なのかほとんど知らないまま労働者代表になったり、社内の誰が労働者代表なのか知らないというケースもあるでしょう。

36協定は1年に1度の見直しと届出が必要なので、労働者代表になると毎年、確認とサインを求められます。また、労使協定には、有給休暇の計画的付与や休憩に関するもの、フレックスタイム制に関するものなど、締結する書類もさまざまあります。

さらに、協定内容が働く人にとって不利益になるものであれば、自分たちの意見を取りまとめて会社と協議する必要もあります。労働者代表に選出された場合は、役割を理解し、自分たちの働く環境を整えるために責任をもって務めましょう。

Point ▶ 労働者代表は労働組合もしくは、労働組合がなければ社内から選出される。

モヤモヤ 24 上司から残業を強要された！これって違法では？

上司から「今日は残業してこの仕事を終わらせるように」と言われました。残業の強要は違法になるのでは？

残業とはそもそも会社の指揮命令権によって実行するものなので、すぐに違法になることはありません。

残業の命令はただちに違法にはならない

残業は会社の指揮命令権によって実行するものなので、仕事の完了を強要されたからといっても、ただちに違法にはなりません。

残業命令が違法になるのは、時間外労働や休日労働の労使協定である36協定（サブロク）を締結していなかったり、法律で定める残業の上限時間を超えていたり、上司が嫌がらせ目的（パワハラ）で命じる場合などです。

強要＝違法だと思っている人が多いようですが、違法と判断されるには、その背景を精査する必要があります。

また、自分の過失による残業やトラブルにより大幅に作業が遅れているのであれば、**仕事を速やかに進めてトラブルを解消しなければなりません。** ここで残業を断ると、制裁の対象になるかもしれませんし、始末書対応や人事評価にも影響することが考えられます。

ちなみに、自分の作業スピードが遅くて残業せざるを得ない場合でも、上司が明日でいいと判断したなら残業はできません。「やらせてください！」と訴えても、指揮命令権は会社にあります。

モヤモヤ解消 Advise

Point 1 ▶ 残業命令が違法になるのは、残業の上限時間オーバーや嫌がらせの場合。

Point 2 ▶ 自分の過失で残業を求められたのなら、誠実に取り組む必要がある。

📖 どんな理由でも残業代は支払われる

自分の過失で残業が発生した場合、自己責任だから残業代は支払われないと考えたり、罪悪感からサービス残業で対応しようと考える人もいるようです。しかし、**残業代は業務の内容や理由に関係なく支払われます。** ルールに沿った残業の申請と実行が大切です。

> **モヤモヤ 25**
>
> 当日朝の「有給休暇もらいます」で
> 注意されました……

有休の申請を忘れていて、休む当日の朝に「有給休暇もらいます」と電話連絡をしたら、注意されました。

有給休暇は働く人に与えられている権利ですが、事前申請が原則です。

有給休暇の申請は、就業規則に「事前」と記載されている

　有給休暇は正式には「年次有給休暇」といい、労働基準法で定められている働く人の権利のひとつです。社員の心身の疲労回復と、ゆとりある生活のために与えられるもので、**賃金が支給される休暇**であることは、多くの人が知っているところでしょう。

　有給休暇を取得するには、一定の条件を満たす必要があります。

● 年次有給休暇の取得条件

1 入社日から6カ月以上を継続勤務し、8割以上の勤務実績がある

2 入社1.5年目以降は、前年の勤務実績が8割以上

　「継続勤務」とは「出勤」という意味ではなく、雇用契約の継続のことで、「在籍」と考えても構いません。また、有給休暇が会社から付与される日数は、その会社で働いた勤続年数によって違います。

● 勤続年数と年次有給休暇の付与日数

勤続年数	6カ月	1.5年	2.5年	3.5年	4.5年	5.5年	6.5年以上
付与日数	10日	11日	12日	14日	16日	18日	20日

　有給休暇は、たしかに働いている人に与えられている権利ですが、「年次有給休暇を取得するときはあらかじめ所定の手続きより届け出て承認を得ること」など、**就業規則に取得方法が記載されていることがほとんどです。**ルールに沿って申請しましょう。

モヤモヤ解消 Advise

Point ▶ 有給休暇は働く人の権利のひとつだが、取得ルールは守ること。

モヤモヤ 25　当日朝の「有給休暇もらいます」で注意されました……

有給休暇の理由は伝えないとダメ？

うちの会社の有休の申請書には、休む理由を記載するスペースがあります。**書かないとダメなんでしょうか？**

じつは空白でもOKなのですが、**申請するのに空白が嫌なら「私用のため」でよいでしょう。** 書く、書かないを理由に、有給休暇が取得できないことはありません。

　労働基準法では、「有給休暇を労働者の請求する時季に与えなければならない」としているだけで、とくに取得理由にはふれていません。したがって、申請時に理由を伝える必要はなく、理由を記載するスペースがあったとしても、空白や「私用のため」という対応でOKです。書く、書かないを理由に、有休取得を判断してはいけないことになっています。

　空白でも問題ないのに記載スペースがある理由は、会社のBCP対策が考えらます。 たとえば、海外旅行や帰省なら、理由を記入することをおすすめします。休暇中に災害が起こった場合、社員が該当の国・地域を訪れているなら、会社が社員の安否確認と、相応の配慮、対応を検討するからです。

　「プライベートの過ごし方を伝えるなんて今の時代に合わない」「プライバシーの侵害だ」などと思わず、理由を記載するスペースには、BCP対策の一面があることを覚えておくとよいでしょう。

BCP対策とは？

BCPとは"Business Continuity Plan"の略で、事業継続計画のこと。「事業を継続的に行えるようにする」という観点のもと、地震、台風などの自然災害、事件、事故、不祥事といった人的災害が発生した際に、事業を継続・展開できるように備えておくことを指す。

モヤモヤ解消 Advise

Point 1 ▶ 取得理由は、空白でも「私用のため」でもOK。

Point 2 ▶ 遠方に行く場合は、取得理由を書いたほうがよい場合もある。

有給休暇の日程変更をうながされる場合

有給休暇を使おうとしたら、**今は忙しい時期だから別の日程にできないかな？** と言われました。有休は働く人の当然の権利なのに！

今期最大の納品期日が迫っているなど、事業運営にかかわる日程の場合は、**会社から休暇日の変更をお願いされることはあります。**

うーん、たしかに今、大きな仕事を控えてますが……。

「今は忙しい時期だから、有給休暇は別の日にしてほしい」と、有休申請をしても会社から許可がおりない、あるいは難色を示された場合、これを違法だと思う人もいますが、一概にそうともいえません。

会社は働く人が指定した日に有給休暇を与えなければなりませんが、じつは労働基準法では、経営を左右するような仕事が発生している場合に限って、働く人に休暇の日程変更をうながすことが認められています（時季変更権）。したがって、**「別の日に」と会社から依頼されても、ただちに違法にはなりません。** 違法になるケースは、パワハラ目的や有休の取得理由で判断するような場合です。

時季変更権が関係しない有休は、社員が取得したい日が優先されるので、変更の求めに応じるか、応じないかは本人しだいです。自分の状況に応じて判断するとよいでしょう。

● 会社からの有休の日程変更依頼が違法と判断される例

> 申請者：友だちと温泉旅行に行くので、有休を申請します！
> 会　社：遊びなら許可できません。有給休暇は〇月〇日にしてください。

Point ▶ 時季変更権が関係しない有休は、働く人が取得したい日が優先される。

> **モヤモヤ 26**
有給休暇が10日ありますが、5日しか使えないと言われました……

入社した会社で10日の有給休暇をもらいましたが、**自由に休めるのは5日だよ**と言われて……。どういうことなのでしょうか?

自由に休める有給休暇が5日というは、**残りの5日は計画的付与ですね。**

有給休暇には計画的付与という制度がある

　有給休暇の計画的付与を実施している会社の場合、たとえば有休が10日なら5日が自由に使える休暇で、残り5日が計画的付与の対象になります。

　計画的付与の「5日を超える分」をさらにくわしく説明すると、たとえば勤続年数6.5年以上なら、有給休暇20日のうち最大15日間が計画的付与の対象になります。ただし、15日間すべてが休暇設定されることは少なく、たいていはその一部が対象です。

計画的付与とは？

有給休暇の計画的付与とは、付与されている有休のうち5日を超える分について、労使間で計画的に休暇の取得日を決めて、割り振れる制度のこと。労使協定を結ばなければ実施できない。

● 有給休暇が計10日の場合

―残り**5日間**が計画的付与の対象

↑…自由に使える有給休暇 **5日間**

● 有給休暇が計20日の場合

最大**15日間**が計画的付与の対象

↑…自由に使える有給休暇 **5日間**

　計画的付与は有休の取得率を上げるための制度で、日程については労使協定で定められます。そのため、協定を締結したあとは、会社が一方的に休暇の日にちを変更することができないばかりか、働く人が「有給休暇はすべて自由に使いたい。指定された日は休みたくない」と言っても、認められません。**計画的付与の休暇は、ルールにしたがって取得しましょう。**

Point ▶ 有給休暇の計画的付与は、「5日を除いた残りの日数」が対象になる。

> モヤモヤ 26　有給休暇が10日ありますが、5日しか使えないと言われました……

有休がない場合の計画的付与の対応

入社して間もないので、有給休暇が1日もありません。
でも、来月には計画的付与の休暇があります。
この場合、私はどうなるのでしょうか?

会社によって対応は違いますが、 計画的付与を実施している会社では、
こういったケースはよくあることです。

　有給休暇の取得には、原則、6カ月以上の継続勤務が必要といった条件があります。そのため、計画的付与の実施日に有休がまだ1日もない新入社員は、会社から特別休暇が与えられて休みになったり、有休がない社員は計画的付与の対象にはならずに、出勤になることもあります。

計画的付与日に有休がない人への対応は、社内で保管されている協定書に規定があるので確認してみましょう。

Point ▶ 計画的付与日に有休がない社員への対応は、労使協定書を確認。

計画的付与には3種類の方法がある

有給休暇の計画的付与は、業態によって違いがあります。

1　一斉付与方式
会社全体や支社、営業所、店舗などで一斉に休む方法。

2　交替制付与方式
流通・サービス業など、一斉に休暇がとれない場合は、
班・グループ別に交替で休む方法。

3　個人別付与方式
誕生日や記念日など、計画表に各個人が取得希望日を記入して、
希望日に基づいて計画的付与が行われる方法。

入社と同時に有給休暇が付与されるケース

自分の会社は入社して6カ月が経たないと有給休暇がもらえないのに、友人の会社は入社してすぐに、有休がもらえました。なんの違いがあるのでしょうか？

会社によっては、入社と同時に有給休暇の付与を行っているところもあります。

　有給休暇の取得には、原則、入社してから6カ月の継続勤務が必要です。ただし、6カ月を待たずに有休が与えられるケースがあります。**これは有給休暇の前倒しにあたり、法律以上の待遇（働く人に不利益を与えていない）になるため違法ではありません。** 経営や人員、人材に余裕がある大企業などで行われていることで、就業規則でルールを定めて実施されています。

　ちなみに、法律通りのタイミングで有給休暇を付与している会社で、社員の1人が休暇の前倒しを求めても、ほかの社員との待遇の差につながるため、認められないでしょう。

モヤモヤ解消 Advise

Point ▶ 有給休暇の前倒しは、就業規則に沿って行われている。

📖 有給休暇の有効期限は2年間

　有給休暇には期限があり、労働基準法で「**2年間で時効により消滅する**」と定められています。有休を消化しなければ未消化分が残り続けるわけではないので、期限までに有休取得を心がけましょう。

　また、失効した有休を積み立てられる「積立有給休暇制度」を取り入れている会社もあります。積み立てできる上限日数や、ケガの治療、育児、介護などへの用途が限定されていることもありますが、与えられている権利と制度は利用していきましょう。

> モヤモヤ
> 27

フレックスタイム制の会社なので、好きな時間に働いてもOK？

フレックスタイム制の会社に転職しましたが、じつはフレックスタイム制ってよくわかりません。**好きな時間に働いて、好きな時間に休めるというイメージで合っていますか？**

理解が正しい部分とそうでない部分があります。 フレックスタイム制といっても会社によってルールがあるので、就業規則を確認しましょう。

フレックスタイム制のルールは就業規則で確認

フレックスタイム制とは、労働時間の開始と終了を働く人が自由に選択できる制度です。 そのため、「好きなときに働ける制度だから、好きなときにも休める」と思っている人がいるようですが、決してそうではありません。始業時刻と終業時刻を決めることはできますが、ほとんどの会社で、必ず仕事

フレックスタイム制とは？

3カ月以内のある一定期間において、総労働時間の範囲であれば始業や終業の時刻を選択して働くことができる制度。また、1日8時間、週40時間を超えて働いてもただちに時間外労働とみなされることはなく、3カ月といった期間（清算期間）の総労働時間によって残業かどうかが判断される。

をしなければならない時間（コアタイム）と、始業時刻あるいは終業時刻の選択範囲の時間（フレキシブルタイム）といった、一定のルールを就業規則で設けています。

また、フレックスタイム制は休日を自由に選択できる制度ではないことも覚えておきましょう。会社が日曜日を法定休日と定めているなら、その日は原則、社員は休まなければなりません。

Point ▶ フレックスタイム制では、労働時間の開始と終了を働く人が自由に選択できる。

📖 フレックスタイム制と残業

フレックスタイム制は自由な働き方という言葉ばかりが先行しますが、**総労働時間を超える部分は時間外労働として割増賃金の対象になります。もちろん、休日労働と深夜労働も割増賃金の対象です。** 残業があった場合は、給料に反映されているか給与明細を確認しましょう。

モヤモヤ **27** フレックスタイム制の会社なので、好きな時間に働いてもOK？

多くの会社で採用されている
コアタイムとフレキシブルタイムについて

コアタイムは必ず仕事をする時間ですが、
自由に変えられるのでしょうか？

変更するには労使協定の内容を協議する必要があります。

◉ コアタイムとフレキシブルタイムの例

| 6:00 | 10:00 | 12:00 | 13:00 | 15:00 | 22:00 |

| フレキシブルタイム | コアタイム | 休憩 | コアタイム | フレキシブルタイム |

← いつ出社をしても　　　← 必ず労働をする　　　→ ← いつ退社をしても →
　　いい時間帯　　　　　　　　時間帯　　　　　　　　　　いい時間帯

　フレックスタイム制の主なルールには、必ず就業する時間帯の「コアタイム」と、いつ出社・退社をしてもよい時間帯の「フレキシブルタイム」があります。これは労使協定で定められているため、自由に変更することはできません。コアタイムをわずらわしいと思う人もいますが、**コアタイムは顧客対応や社内会議、社員同士のコミュニケーションの創出ができる時間**です。仕事を円滑に進める、重要な時間帯ととらえましょう。

　さて、上記の例の場合、10時～15時がコアタイムで、6時～10時までと15時～22時までがフレキシブルタイムです。したがって、コアタイムに必ず就業していれば、8時に出社して15時に退社しても、10時に出社して22時まで働いても問題ありません。ルールを守り、総労働時間の範囲内であれば、フレックスタイム制は自由な働き方ができます。

Point ▶ **コアタイムは必ず仕事をする時間帯で、労使協定で定められている。**

82

社内でコアタイムがある部署と
フルフレックスの部署があることも

うちの部署はコアタイムがあって、営業部はフルフレックスです。
同じ会社なのに対応が違うのは、違法ではないのでしょうか?

はい、違法ではありません。
ルールは部署単位で設けられますし、海外とのやりとりがある部署は、
フルフレックスにせざるを得ないこともあります。

　フルフレックスとは、スーパーフレックスともよばれ、フレックスタイム制の一種です。コアタイムがなく、**総労働時間を満たせば自由に勤務時間を決めることができる働き方**で、部署単位で設定できます。たとえば、海外対応が発生する部署などでは、フルフレックスを採用していることもあります。

　同じ会社なのに働き方への対応が違うと疑問を感じる人がいますが、**労使協定を締結していれば部署ごとに違っても問題はありません。** また、フルフレックスをうらやましく思う人もいますが、自由な半面、計画的に時間配分を考えて仕事をしなければならないため、仕事面でも体調面でも高い自己管理能力が求められます。さらに、社内のコミュニケーションがとりにくくなることから、不安を感じる人も少なくありません。

Point ▶ フルフレックスは、総労働時間を満たせば、
自由に勤務時間を決めることができる。

📖 フルフレックスと裁量労働制は違う

　自由に勤務時間を決められる働き方に「裁量労働制」もありますが、これはフルフレックスとは異なるものです。フルフレックスが実施できる職種に制限はありませんが、**裁量労働制は厚生労働省によって研究職やメディア関係など、適用される職種が決まっています。**

> モヤモヤ 28

昼休憩は、社員全員が同じ時間にとらないとダメ?

限定メニューが食べたいので1時間早くお昼休憩に入りますね

お昼休みは12時から1時間なのですが、ランチを食べに行くとお店が混んでいるので時間をずらしたいです。1時間という時間を守れば、好きなときに休憩してもいいですよね?

休憩は原則、社員が一斉にとらなければなりません。

休憩は原則、一斉にとることが
法律で定められている

労働基準法には休憩に関しても定めがあり、「**休憩時間は一斉に与えな
ければならない」との原則があります。**そのため、12時〜13時に昼休憩
が設定されているのであれば、指定された時間に社員全員が同時に休憩
になります。

ただし、飲食店などの接客娯楽業、映画・演劇業、運輸交通業など、
一斉休憩が難しい業種は例外です。また、製造業などで、途中で機械を
止めると効率が悪くなるときは、一斉休憩を行わないという労使協定を結
べば同時に休憩をとる必要はなくなります。

休憩における **一斉取得の例外**	運輸交通業、商業、金融・広告業、映画・演劇業、 通信業、保健衛生業、接客娯楽業 など

モヤモヤ解消 Advise

Point 1 ▶ 休憩には一斉取得の原則があり、
基本的に好きなときに休憩はとれない。

Point 2 ▶ 例外以外の会社では、
労使協定を結ぶことで一斉取得ではなくなる。

📗 コロナ禍で行われた時差休憩

休憩時間は法律にならうと一斉取得が原則ですが、人との距離を必要と
したコロナ禍では多くの会社で時差休憩が採用されました。とられた措置
は各会社それぞれで、ある会社では社内を3チームに分け、ローテーショ
ンで11時、12時、13時に休憩を設定したところもあります。

ただし、**このときも例外なく、行政から会社に協定を結ぶことがうながさ
れ、会社と社員の代表者間で労使協定が締結されました。**特異な状況下で
はあったものの、法律に沿った運用がなされています。

モヤモヤ 29 休憩時間はいらないので、1時間早く、帰らせて!

休憩なしで、8時間ノンストップで働きます!
しっかり仕事はするので、**1時間早く退社してもいいですか?**

それはできません。**休憩には「途中付与の原則」があります。**

休憩にも利用の原則があり、守るべきルールがある

休憩には「休憩の3原則」があり、仕事の間に休憩をとることが労働基準法で定められています。そのため、**昼休憩（1時間）をとらずに8時間ノンストップで働き、1時間早く退社するという働き方はできません。**

休憩の3原則

1　途中付与　労働時間の間で休憩すること。

2　一斉付与　社員が一斉に休憩すること。

3　自由利用　仕事をしない自由な時間にすること。

たとえば、9時～18時（休憩1時間）が勤務時間の場合、休憩を始業直後の9時～10時にとって10時に出社し、その後、ノンストップで18時まで8時間働くということもできません。

休憩は仕事を一時中断することで心身の疲れを回復させて、事故やミスを防ぐ目的で設けられています。ルールに沿った休憩をとりましょう。

モヤモヤ解消 Advise

Point 1 ▶ 休憩には仕事で溜まった心身の疲れを回復させ、事故やミスを防ぐ目的がある。

Point 2 ▶ 始業直後や終業直前の時間帯に休憩時間をずらすことはできない。

「休憩の3原則」の「自由利用」とは

「休憩の3原則」の「自由利用」とは、自由な時間に休憩がとれるという意味でも、休憩をとらなくてもいいという意味でもありません。休憩とは**労働から解放されること**をいい、心身の疲れの回復を目的にしているので、勝手な解釈をしないように注意しましょう。

モヤモヤ 30 始業時間前の朝礼は残業時間になりますか？

始業時間の20分前に、毎日、全員参加の朝礼があります。これは残業といえるのでしょうか？

はい、**早出残業といわれる時間外労働です。**

始業前の朝礼や打ち合わせは いわゆる「早出残業」

始業時間20分前に必ず参加しなければならない朝礼は、時間外労働になり、いわゆる「早出残業」とよばれるものです。

残業というと終業後に行うイメージがありますが、9時～18時（1時間休憩）勤務の場合、始業前に発生した朝礼は、たとえ20分間でも法定労働時間の1日8時間を超えたことになるので、早出の残業になります。

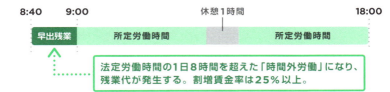

法定労働時間の1日8時間を超えた「時間外労働」になり、残業代が発生する。割増賃金率は25％以上。

表向きは任意参加の会議だとしても、実態として義務化しているなら「早出残業」として判断されます。また、**着用が義務付けられている制服や作業着に着替える時間も、労働時間として認められています。**

個人的な準備の時間は、早出残業にならないケースはありますが、社員全員や部署単位で行っていることは労働時間にみなされます。現在は、始業前の点呼ですら行政から始業後に行うよう指導が入っています。

早出残業によるサービス残業が常態化している場合、それ自体の問題性を上司が知らないこともあります。上司としての管理問題だけでなく、社員には残業代を請求する権利があるので、**人事・労務部門にまずは相談し、それでも改善されない場合は労働基準監督署に申し出るとよいでしょう。**

モヤモヤ解消 Advise

Point ▶ 法定労働時間の1日8時間を超えた部分は、朝礼でも残業代が発生する。

モヤモヤ 31 早朝出発の出張ですが、これは早出残業になりますか?

朝6時の新幹線に乗って出張することがあります。
始業時間は9時なので、**残業の申請ができますよね?**

出張先には自宅から直行して、ずっと移動は1人ですか?

はい、そうです。

1人で移動している場合は、早出残業にはなりません。

出張移動が1人の場合は通勤時間にみなされる

朝早く自宅から出張先に出発し、移動中も1人という場合は、交通手段が新幹線であろうと、飛行機であろうと自由時間にみなされて、**早出残業にはなりません。**また、**前日から宿泊して（前乗りして）出張先に出向く場合も、時間外労働にはならないでしょう。**

ただし、状況によっては早出残業が認められる場合があります。

◉ 労働時間にみなされる出張移動例

1. 警備員など、移動時に重要な書類を携えて、ずっと見張っていなければならない場合。
2. 上司と行動をともにし、道中も管理者の指揮命令下にいる場合。
あるいは、クライアントと終始行動をともにする場合。
3. ある場所に集合し、指揮命令のもと団体で移動する場合。

ポイントは「指揮命令下」と、「業務に関わる行動をとらなければならないかどうか」です。出張は状況の判断が難しいため、会社によっては「出張手当」でフォローしているケースもあります。また、出張手当は「勤務地から100km以上移動する場合に発生する」など、一定のルールを設けていることが多いので、就業規則を確認してみるとよいでしょう。

モヤモヤ解消 Advise

Point ▶ 早朝出発の出張が上司と一緒で、業務に関わる行動があれば早出残業になる。

📖 出社してから訪問先に移動した時間は労働時間

始業時間前に上司から会社への立ち寄りを命じられ、出社してから社用車などで訪問先に移動する場合は、移動にかかった時間は早出残業になります。ただし、**自宅から訪問先に直行する場合は、それが社用車でも通勤時間と判断されます。**

> モヤモヤ
> 32

働く時間が取引先に左右される労働時間の考え方は？

営業の仕事をしていて、ほとんど外回りです。午前中にうかがったお客さんを、その日の夜にもう一度、訪問することもあります。
別の日は、思ったよりもお客さんと会っている時間が短くなって、夕方ごろに終わることもあります。

仕事の時間は取引先しだい、ということですね？

はい。自分の働き方は通常と違うと思うのですが……。

それは「みなし労働時間制」が適用されています。

外回りの営業職などは みなし労働時間制が適用

外回りが中心の営業職は、取引先しだいで働く時間にバラつきがでたり、担当する会社に直行・直帰することもあるでしょう。ここで適用されるのが労働基準法の「事業場外労働のみなし労働時間制」です。上司が具体的な営業活動などを終始、管理と指示ができず、労働時間の算出が難しいときに使われていて、**実際に働いた時間の長短に関係なく、あらかじめ規定した時間（所定労働時間）を働いたとみなす制度**です。

事業場外労働の みなし労働時間制とは？

みなし労働時間制とは、「事業場外労働のみなし労働時間制」といい、管理者が働く人の実労働時間の把握が難しいときに適用される制度のこと。外回りの営業職や研究開発職などに用いられる。

◉ みなし労働時間制の働き方の例

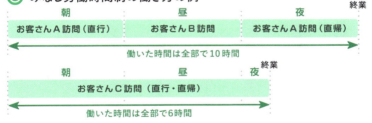

たとえば、上記の例のようにある日の実働が10時間、別の日の実働が6時間だったとしても、所定労働時間が8時間であれば、どちらの日も8時間働いたとみなされます。

モヤモヤ解消 Advise

Point 1 ▶ 事業場外労働のみなし労働時間制は、労働時間の把握が難しい場合に適用される。

Point 2 ▶ 実際に働いた時間の長短に関係なく、規定した時間分を働いたとみなす。

モヤモヤ 32　働く時間が取引先に左右される労働時間の考え方は?

みなし労働時間制の残業代について

その日の状況で仕事が遅く終わったり、早く終わったりしますが、みなし労働時間制だと残業代はもらえないのでしょうか?

そんなことはありません。

どんなときに残業と認められますか?

深夜労働や休日労働などは、残業代が発生します。

　みなし労働時間制とは、所定労働時間が8時間の場合、それを超える日があっても、超えない日があっても規定分の労働をしたとみなす制度ですが、**時間外労働がまったく発生しない働き方ではありません。** たとえば、外回りで所定労働時間8時間を勤務したあと、帰社して2時間のデスクワークをした場合は、法定労働時間を越えた2時間は残業になります。

　また、みなし労働時間制でも、深夜労働や休日労働には割増賃金が発生するので、夜遅くや休日にまで対応が及んだ場合は、自分が働いた時間を正しく把握し、会社に残業代を請求しましょう。

　残業代の請求は2020年4月の労働基準法改正により、原則5年(ただし、当分の間は3年。3年前までさかのぼって請求可能)で時効を迎えます。過去に未払い分があった場合は、労働条件通知書や給与明細、勤務記録などを準備して、会社、あるいは会社が対応しないときは労働基準監督署に申し出ましょう。

モヤモヤ解消 Advise

Point 1 ▶ みなし労働時間制でも、残業代は発生する。

Point 2 ▶ 仕事相手の都合や状況によって深夜労働や休日労働が発生する場合は、働いた時間を正しく把握して申請すること。

テレワークはみなし労働時間制？

テレワークは、終日、社外で仕事をしているので、みなし労働時間制になるのでしょうか？

一概にそうとはいえません。**テレワークをするとき、始業や終業などのタイミングで上司に連絡や報告をしているなら、みなし労働時間制ではないですね。**

みなし労働時間制は、上司の具体的な管理や指示が及ばず、会社が労働時間を把握できないときに適用される制度です。それを踏まえるとテレワークは社外での労働になり、労働時間の算出が難しい環境ですが、みなし労働時間制になる場合と、ならない場合があります。厚生労働省のガイドラインによると、次のようなケースは除外されています。

◉ みなし労働時間制が適用がされないケース

1 何人かのグループで社外で仕事に従事する場合で、そのメンバーの中に労働時間を管理をする人がいる場合。

2 通信機器などを使って随時、会社の指示を受けながら社外で勤務する場合。

3 会社で訪問先、帰社時刻など、当日の業務の具体的指示を受けたあと、社外で指示通りに業務を行ってから帰社する場合。

テレワークで始業や終業などのタイミングで上司に連絡し、随時、作業指示も得ている場合は、**2**にあたります。そのため**社内で勤務しているのと同じ扱いになります。**残業するときも一報を入れ、上司の許可を得てから実行しているので、みなし労働時間制ではありません。

モヤモヤ解消 Advise

Point 1 ▶ テレワークでも、みなし労働時間制の場合とそうでない場合がある。

Point 2 ▶ 始業や終業、日報を連絡しているなら、社内での勤務と同じ扱い。

> モヤモヤ 33

テレワーク中の私用外出は、どう考えたらよいでしょうか?

テレワーク中に子どものお迎えが発生しました。
私用外出はどこまで許されますか?

会社によって対応が違いますから、**まずは就業規則を確認してみてく
ださい。とくに規則がない場合は、業務のなかで調整していることが
あります。**

時間単位の有休がない場合は、業務のなかで調整している会社が多い

テレワークについては、多くの相談が持ちかけられます。そのひとつが勤務時間中の一時的な私用外出、いわゆる「中抜け」の問題です。

トイレや宅配便の受け取り対応などは中抜けにはなりませんが、子どものお迎えや通院、介護などの中抜けには、会社によって1時間や2時間といった時間単位の有給休暇を認めているところもあります。

就業規則に時間単位の有休について記載がない場合は、昼休憩を30分延長して1時間30分を私用外出にあて、終業時間を30分後ろ倒しにするなど、**業務の範囲内で調整している会社が多く見られます。ただし、この場合、残業代は発生しません。**

◉ 9時〜18時（休憩1時間）までの勤務の場合

このほか、フレックスタイム制と併用して、中抜けした時間分だけ延長して帳尻を合わせるという方法がとられることもあります。

モヤモヤ解消 Advise

Point ▶ 時間単位の有休がない場合は、中抜けした分だけ延長して働く場合が多い。ただし、延長分に残業代は発生しない。

📖 テレワーク中でも勝手に中抜けはできない

勤務時間は職務専念義務があるため、育児や介護など、**家庭の事情があったとしても、自由に中抜けができるわけではありません。** 30分や1時間といった一定の時間、仕事から離れる場合は上司の承認が必要です。

> モヤモヤ 34

毎日ちょっとだけ遅刻する人が気になります！

毎日5分とか10分とか、少しだけ遅刻してくる人がいます。
5回遅刻したら減給などといった対応はされているのでしょうか？

ノーワーク・ノーペイの原則はありますが、1分単位で働いていない分を計算して給料から差し引くのは、作業が煩雑です。**制裁は別の対応がとられているでしょう。**
また、**遅刻5回で1日の給料を減らすといった制裁は違法です。**

遅刻や早退で働いていない分の控除は会社に任せられている

　遅刻のケースには、体調が悪くていつもの電車に乗れなかった、あるいは子どもを保育園に送っていたら始業時間に間に合わなかった、といったこともあるでしょう。

　会社には、働いていない時間に対して賃金を支払わなくてもよい、というノーワーク・ノーペイの原則があるので、遅刻あるいは早退に厳しい対応をとっている会社では、1分単位で賃金を差し引いているところもあります。

　しかし、それら**ノーワーク分の給料と控除の計算方法は、会社で自由に決めることができるようになっています。**給与明細を確認してノーワーク分が差し引かれている場合は、控除の計算にどのような方法がとられているか、就業規則を確認してみるとよいでしょう。

　遅刻、あるいは早退が意図的で、勤務態度の悪さにつながっているときは**人事評価で査定されている**こともあります。その場合は、今後の昇給や昇進などの処遇に反映されるでしょう。

モヤモヤ解消 Advise

Point 1 ➤ 遅刻や早退の控除と計算方法は就業規則を確認。

Point 2 ➤ 勤務態度が悪い場合は、人事評価で厳しく査定されることがある。

📖 減給にもルールがある

　遅刻5回、あるいは早退5回で1日分を減給する、欠勤扱いにするといった対応は違法になります。賃金には「賃金は全額を払う」というルールがあり、働いていない時間以上に賃金を減らすことはできません。また、減給は給料が減ることなので、現在は働く人の生活を守る意味もあって減給の制裁をなくす会社が増えています。しかし、それでも減給が行われている場合は、労働基準法第91条の制裁規定の制限や就業規則で定められたルールに沿った対応になっているか、チェックしましょう。

モヤモヤ 35 振替休日と代休の違いがわかりません！

振替休日と似たような休日で代休があります。
正直、この違いがわかりません。

振替休日は休日と労働日の交換で、
代休は休日と労働日の交換ではありません。

実施される要件や賃金など
いくつか違いがある

振替休日は休日と労働日の交換ですが、代休は休日と労働日の交換ではありません。 また、**振替休日には割増賃金が発生しませんが、代休には割増賃金が支払われ、休みが発生しないこともあります。**

振替休日と代休の日にち指定については、振替休日による休日出勤が会社からの指示で行うものなので、休む日も会社が指定します。代休は就業規則に定めがあれば、規定にしたがった方法で休みが実施されます。

◉ 振替休日と代休の違い

振替休日	代休
休日と労働日の振り替え（交換）	休日と労働日の振り替え（交換）ではない
● 就業規則で規定を定める必要がある。 ● 振り替えることを会社から事前に通知される。 ● 振替休日を特定してから実施される。 ● 振替休日は就業規則に基づいて会社から指定される。 ● 振替休日はできるだけ近い勤務日になる。	● 原則、就業規則で規定を定める必要はない。 ● 会社からは休日労働に対する賃金が支払われるので、代休は必ず取得できるわけではない。 ● 就業規則に代休の規定がある場合は、社員は代休取得の義務が発生する。
割増賃金は発生しない	**割増賃金は発生する**

振替休日や代休があっても、仕事が忙しくて休めないこともあるでしょう。しかし、勤務が連続になって疲労が溜まっているはずなので、振替休日や代休が発生しているなら休みを優先し、自分の健康に配慮しましょう。

モヤモヤ解消 Advise

Point 1 ➤ 振替休日とは、休日と労働日を交換すること。

Point 2 ➤ 割増賃金は振替休日には発生しないが、代休には発生する。

モヤモヤ 35　振替休日と代休の違いがわかりません！

休日出勤が半日でも、振替休日は1日分

休日出勤しましたが、仕事は午前中で終わりました。
振替休日も半日休みになるのでしょうか……。

休日出勤が午前中で終わっても、振替休日は1日休めます。

　振替休日対応で法定休日に働いた（振替出勤日）場合、予定していた時間よりも仕事が早く終わることもあるでしょう。仕事をした時間分しか振替休日がもらえないと思う人もいますが、決してそうではありません。**たとえ振替出勤日の勤務が半日でも、振替休日は1日分がもらえます。**法定休日は仕事から1日解放されることが本来の目的なので、休日労働が半日だからといって振替休日も半日になることはありません。

◉ 振替休日と振替出勤日の例

	日曜 （法定休日）	月曜	火曜	水曜	木曜	金曜	土曜
本来の勤務	休み	出勤	出勤	出勤	**出勤**	出勤	休み
振替休日対応	**出勤**	出勤	出勤	出勤	**休み**	出勤	休み

……… 振り替え（交換）………

振替休日は休日と労働日の振り替え（交換）になるため、振替出勤日は平日の扱いになる。

　また、振替出勤日に残業した場合、残業代は平日の考え方になります。たとえば9時〜18時（休憩1時間）が労働時間であれば、18時〜22時までの残業代は時間外労働の割増率（25％以上）で計算されます。さらに22時〜翌朝5時までの深夜労働になった場合は、時間外労働＋深夜労働の割増率（50％以上）で計算されます。

Point ▶ 振替出勤日に残業をした場合は、
通常の時間外労働の割増率で計算される。

第**4**章

正社員がモヤモヤする

心と身体の
健康こと

毎年行われている健康診断や、
労災、休職制度の基本を知らな
い人が多くいます。また、パワー
ハラスメントやソーシャルハラス
メントといった、現代特有の悩み
についての対応も紹介します。

モヤモヤ 36 昼休み中にケガをしたら、治療費はもらえる?

ランチ休憩中に転んでケガをしました。
休憩中のケガは労災になりますか?

会社の施設外での出来事ですね。
それは労災には認定されないケースです。

休憩中のケガの労災判断は その場所が社外か社内かがポイント

　昼休み中のケガに関しては、休憩した場所によって判断が異なります。食事で社外に出てケガをしたなら、基本的に労災認定はされません。

　一方、社内でケガをした場合は労災が適用される可能性があります。これは、**会社の設備によるものかどうかで主に判断されるためです。**たとえば、お昼にお茶を入れようとして給湯器でやけどをした場合は、会社の設備に起因することなので、労災が認められた例があります。

労災とは？

労災とは「労働災害」の略で、働く人が業務上、または通勤で被った負傷、疾病、死亡などを指す。労災保険制度は、これら傷病などに対して必要な保険給付を行うもので、労働基準監督署が労災に該当するかどうかを判断する。

　とはいえ、社内で休憩中にキャッチボールをして、ボールを取り損ねてケガをした場合は自分の行為が原因なので、業務上の災害にはならず、労災は適用されません。

> Point ▶ 会社の敷地内でのケガでも、自分の行動が原因の場合は労災にならない。

通勤時の労災もいろいろなパターンがある

　通勤時の労災というと、電車やバスなど交通機関での災害がありますが、それだけではありません。たとえば、自宅の玄関を出たところでケガをした場合も、すでに通勤が開始されているので労災になります。

　また、家に帰る途中でどこかに立ち寄った場合、通勤ルートから外れたところからはすべて通勤ではなくなりますが、**日用品の購入や通院など日常生活上必要な行為には例外**が認められています。この場合、通勤経路に戻ったところから労災の対象になります。

> モヤモヤ 37

テレワークで腰痛になりました。これは労災になりますか?

肩と頭と腰が痛い
全部労災になるかな

自宅でテレワークをするときは、仕事用のデスクがないので、ローテーブルで床に直に座ってやっています。これが原因で腰痛になったのですが、**これも労災になりますよね?**

テレワークでも労災になるケガや症状はありますが、この場合は**労災と判断される可能性は極めて低い**ですね。

自宅作業では身体を自由に動かせるので
腰痛も肩こりも労災判定は難しい

　テレワーク中のケガにも労災認定されるものはありますが、ローテーブルであっても、通常のデスクであっても、腰痛は労災認定は難しいでしょう。その理由は、同じ姿勢を長時間、強制的に保つ必要がないからです。**会社で仕事をするのと同様、席を立ったり、ストレッチ程度の運動がいつでもできます。そのため、業務上の災害と判断される可能性は極めて低いでしょう。** 同じ理由で、肩こりも認定されません。

　厚生労働省の「業務上腰痛の認定基準」では、腰痛を「災害性の原因による腰痛」と「災害性の原因によらない腰痛」の2種類に分けて定めています。これによると、テレワークの腰痛はいずれの基準にもあてはまりません。腰痛が労災として認められる職種は、長距離ドライバーや介護職などです。業務上の動きに制限があったり、不自然な姿勢をとらなければならなかったり、重量のあるものや人を運ぶ・移動するケースです。

Point 1 ▶ **腰痛が労災認定されるのは、長距離ドライバーや介護職など。**

Point 2 ▶ **肩こりも業務上の災害にはならない。**

📖 テレワーク中のトイレでのケガは労災の範囲

　排泄は生理現象なので、テレワーク中にトイレに行こうとしたときのケガは、**仕事中のこととして労災認定されます。** しかし、洗濯物を取り込んだときのケガは認められません。仕事から離れた関係のない行動は、業務上の災害にはなりません。

　ところで、労災保険を受けるには、管轄の労働基準監督署に書類を提出する必要があります。会社が申請をしてくれない場合でも、**社員が自分で提出することが可能です。** 明らかに労災のときは、厚生労働省のホームページから書類をダウンロードしましょう。

> モヤモヤ
> 38

仕事が忙しすぎて健康診断に行けません！

忙しくて会社の健康診断を受けに行く時間がありません。
健康だし、とくに受けなくてもいいですよね？

社員には定期健康診断を受診する義務があるので、
受ける必要があります。

健康診断の実施は会社の義務、受診は社員の義務

会社で行っている健康診断は、労働安全衛生法に基づいて**会社が働く人に対して実施することが義務付けられています。**また、同法において**働く人も健康診断を受診する義務がある**ので、原則としてこれを拒むことはできません。1年に1回という頻度ですから、自分の健康状態を確認するためにも受診しましょう。

さて、フルタイムで働く正社員が受診するのは主に「定期健康診断」ですが、実施項目と省略可能な項目が定められているので、検査内容を把握しておくとよいでしょう。

● 定期健康診断の検査項目

既往歴及び業務歴の調査	必ず実施。
自覚症状及び他覚症状有無の検査	
身長、体重、腹囲、視力及び聴力の検査	● 身長は20歳以上は省略可能。 ● 腹囲は35歳は必ず実施、40歳未満は省略可能。 ● 腹囲は①妊娠中の女性など内臓脂肪の蓄積が反映していないと診断された場合、②BMIが20未満、③BMIが22未満で自分で腹囲を測定して値を申告した場合に省略可能。
胸部エックス線検査及びかくたん検査	● 胸部エックス線検査で所見がなければ、かくたん(気道の分泌物)検査は省略可能。 ● 胸部エックス線検査は、20歳、25歳、30歳、35歳は必ず実施、40歳未満は省略可能。
血圧の測定、尿検査	必ず実施。
貧血検査／肝機能検査／血中脂質検査／血糖検査／心電図	35歳は必ず実施、40歳未満は省略可能。

Point ▶ 健康診断は、法律で1年に1回の実施が義務付けられている。

モヤモヤ 38　仕事が忙しすぎて健康診断に行けません！

乳がんなど、女性特有の病気の検診

うちの会社は、乳がん検診が別料金になっています。
友人の会社は毎年検診があって、別料金でもないみたいです。
健康診断って1年に1回の無料検診じゃないんですか？

健康診断は法律で義務付けられているものですが、
乳がんなどのがん検診は定期健康診断の項目ではありません。
厚生労働省が指針を定め、自治体が実施している検診です。

　乳がんや子宮頸がんなどの女性特有の病気については、定期健康診断とともに同じ施設の中で実施していることもあるので、混同する人も多いでしょう。じつはこれらの検診は会社が行う義務はなく、厚生労働省の指針により、主に市区町村で実施されています。

◉ 指針で定めるがん検診の内容の一部

種類	検査項目	対象者	受診間隔
乳がん検診	問診及び乳房エックス線検査	**40歳以上**	**2年に1回**
子宮頸がん検診	問診、視診、子宮頸部の細胞診及び内診	**20歳以上**	**2年に1回**

　特定の年齢以上で、指針で定められたタイミングがくると**多くは無料で受診できますが、対象年齢でなければ自己負担**になります。もし毎年検診を受けているにもかかわらず、費用を負担していないのであれば、**会社が福利厚生の一環として料金を支払っているケース**になるでしょう。

モヤモヤ解消 Advise

Point ▶ 女性特有の病気の検診は、主に自治体が実施。
対象者の年齢も受診間隔も指針があり、
そこから外れた受診は、自己負担がほとんど。

産業医面接とストレスチェック

会社から産業医の面接を受けるように言われました。仕事をしすぎて、病んでいると見られたんでしょうか……。

長時間労働の社員に対して、会社は面接指導を実施しなければならないので、法律に沿った対応がなされたんですね。

　会社は時間外・休日労働が月80時間を超えた社員に対しては、これを本人に通知し、面接指導を実施しなければならないと労働安全衛生法で定められています。また、「メンタル不調の予防と職場改善」を目的としたストレスチェックで高ストレスと評価されたり、医師の指導が必要と判断された場合も、面接の対象になります。

　ただし、**産業医面接に声をかけられても、面接指導はそれ自体がストレスになることもあるため、受検は強制ではありません。**また、かかりつけの病院（主治医）での受診を希望する人がいますが、医師は医師でも、産業医は会社の業務内容や職場環境を加味して面接を行います。**観点が違うことを知っておきましょう。**

Point ▶ 長時間労働した社員に対して、会社は面接指導を実施しなければならない。

📖 ストレスチェックを行わなくてもよい会社もある

　ストレスチェックは、**常時50人以上が雇用されている会社で1年以内に1回の実施**、50人未満の場合は努力義務になっていますが、定期健康診断と違って、社員が必ず受けなければいけないものではありません。

　会社はこれを強制しませんが、自分自身のストレス状態を知り、その度合いが客観的にわかるよい機会ととらえ、メンタルヘルス向上のため、前向きに取り組みましょう。

> モヤモヤ **39**

当然、あるものと思っていたのに休職制度がなかった！

うちの会社には休職制度がないなんて…

同僚がうつ病になって会社を休むことになったんですが、**うちの会社は休職制度がないらしいのです。**そんなことってありますか？

休職制度は、労働基準法や労働契約法に定めがありません。各会社で設定してよい制度なので、**休職制度がない会社もあります。**

休職制度は会社の独自の制度で休職制度がない会社もある

　休職制度を法律で定められたものと思っている人がいるようですが、これは**各会社の判断で独自に設計**されています。制度の有無はもちろん、休職できる期間についても就業規則に定められているので確認してみましょう。

　休職制度がない会社で長期間休む場合、有給休暇を使い切ったあとは「欠勤」になります。欠勤とは所定労働日に休むことで、**一定期間以上の欠勤が続くと、解雇や退職になるケースがほとんど**です。

　会社は働いていない部分に対して賃金を支払う義務がないノーワーク・ノーペイの原則があるので、休職している社員に給料を支払う必要はありませんが、健康保険など公的医療保険に加入していれば、条件（4日以上休んでいるなど）によっては傷病手当金の給付対象になるでしょう。

　一方、休む原因が業務上の災害であれば労災保険の適用になり、保険金が給付されます。ただし、**傷病手当金と労災保険の給付金は、同時に利用することはできません。**

モヤモヤ解消 Advise

Point ▶ 傷病手当金と労災保険の給付金は、二重支給されない。

休職は手順にしたがって申請しないと認められないことがある

　休職制度は各会社で設けられている制度ということもあり、法律で義務化された制度と違って、就業規則に書かれたとおりに申請をしないと認められないことがあります。**取得するときは、医師の診断書などの提出物に注意しましょう。**

　また、給料が払われていなくても社会保険料の支払いは免除されないので、住民税と合わせて納める必要があります。さらに月に1度、傷病の経過などを書面で報告する義務を会社が設けている場合もあります。**雇用関係が維持されているなかでの休職なので、求められたことには応じましょう。**

> モヤモヤ
> **40**

休職から復帰するときは、どうしたらよいですか?

長い間、休職していましたが、
だいぶ元気になったので復帰できるかな、と思っています。

自分で「元気、もう大丈夫!」と思っても、
復職は自分の判断で勝手にはできませんよ。

どうすればいいですか?

働けるかどうか、医師に診断してもらいましょう。

復職するときは医師の診断書の提出が必要

休職するときには、医師の診断書を休職申請の添付書類として会社に提出するのが一般的ですが、**休職から復帰するときも診断書を会社に提出するのが一般的**です。その理由として、会社は医師による客観的な判断がないと、その人が仕事に就ける状態なのか、できない状態なのかがわからないからです。そのため、休職から復帰するときも、会社から確認書類として診断書を求められるでしょう。

ところで、医師の診断書にかかる費用は、休職申請も復職申請も自己負担がほとんどです。診断書の費用を自己負担できない場合は、休職が認められなかったり、復職も受け入れられないことがあります。休職制度が法律上の制度ではなく、会社の采配による独自の制度であることを踏まえると、ルールに沿った対応が肝心です。

Point ▶ 休職時も復職時も、医師の診断書の費用は自己負担がほとんど。

休職制度には上限がある

休職期間はほとんどの場合、各会社でその期間が決められています。**一般的には3カ月〜3年としている会社が多く、勤続年数によって期間を設定していることもあります。**たとえば、勤続年数1年以上3年未満の人は6カ月、勤続年数3年以上5年未満の場合は1年といった具合です。ちなみに、試用期間中は休職の対象から外されていることがあります。

さて、休職期間が満了すると、退職、あるいは解雇の対象になります。期間の満了までに完治しないと、「休職期間の満了日をもって自然退職」としている会社もあります。ただし、業務上の災害（労災）で休職している場合は、労働基準法により**治療のために休んでいる期間と休業が終わったあとの30日間の解雇は、原則として禁止されています。**

モヤモヤ 41 上司の対応が人によって違う！これはパワハラだと思います……

同僚と私では上司からの接し方に違いがあって、**私のほうがいつも厳しく注意され、残業をしなくていい仕事も今日中に終わらせるように言われます。これってパワハラですよね？**

ハラスメントは双方から話を聞いて背景を把握しないと判断が難しいのですが、**不必要な残業の強要などはパワハラにあたる可能性があります。**

明らかな嫌がらせは社内のハラスメント相談窓口などに相談

現在、男女雇用機会均等法及び育児・介護休業法などの改正に伴って、ハラスメント対策が会社の義務になり、防止対策の強化が行われています。さらに、厚生労働省からハラスメント対策マニュアルも発表され、社会全体での対応が求められています。

ハラスメントとは？

ハラスメント（Harassment）とは、英語で「悩ます」などの意味のとおり、不快感を与える「嫌がらせ」や「いじめ」などの迷惑行為全般を指す。働く人の尊厳を不当に傷つける行為であるとともに、働く人の能力が十分に発揮されることを妨げ、職場秩序の乱れや業務の支障につながることとされている。

対策は進められているものの、**業務上必要のないことだったり、前後の言動を踏まえても明らかに自分が嫌がらせを受けていると感じた場合は、社内のハラスメント相談窓口や人事・労務部門などに相談して対応を求めましょう。**ハラスメント相談窓口は会社に設置義務があり、担当者には守秘義務があるので、安心して悩みを打ち明けられます。

◉ ハラスメントの主な種類

セクシャルハラスメント	性的な言動による嫌がらせ。
パワーハラスメント	立場の優位性による嫌がらせ。
マタニティハラスメント／パタニティハラスメント	マタニティハラスメント、略してマタハラは妊娠や出産、育児をしている人への嫌がらせ。パタニティハラスメント、略してパタハラは男性の育児参加に対する不利益な扱いなどを指す。
ケアハラスメント	略してケアハラ。働きながら介護を行う人に対する不利益な扱いや嫌がらせを指す。
逆パワハラ	部下から上司へのパワーハラスメント。
ハラスメント・ハラスメント	略してハラハラ。なんでも「ハラスメントだ」と反応する過剰な主張。

Point ▶ ハラスメント相談窓口は、会社に設置義務がある。

モヤモヤ **41**　上司の対応が人によって違う！これはパワハラだと思います……

SNSの対応は自分で選択・判断する時代

上司からSNSの友だち申請が私用スマホに届きました。
周囲はみんな受け入れているみたいですが、
自分は承認するのが嫌なのですが……。

私用スマホへの申請と承認は**自分で選択・判断する時代**です。
いろいろな意味でつながらない権利もあります。

　上司や先輩からSNS上でのやりとりを求められても、「常に監視されている」と自分が感じるなら、会社から貸与されている携帯電話での連絡に限ったり、私用携帯電話での承認は思い切って断るなど、**自分で選択・判断をする必要があります。**

　また、つながらない権利は時間外の業務指示にもあてはまります。緊急の用件で対応しなければならないケースはありますが、自分からつながらない、がんばらない選択をするべきです。

ソーシャルハラスメントとは？

ソーシャルハラスメント（ソーハラ）は、地位や立場などを利用して友だち登録やコメント投稿、「いいね」の強要、プライベートを侵害するような発言を指す。

Point ▶ **プライベートの空間と時間は、自分で守る。**

📖 自分がハラスメントの加害者になる可能性も!?

　ハラスメントは被害者になる一方、知らないうちに自分が加害者になる可能性もあります。実際、**ハラスメント行為をした人に背景を聞くと、そのほとんどが無意識のうちの出来事です。**いつの間にか自分が攻撃者にならないように、また、相手がプレッシャーを感じることがないように、できるだけ人の気持ちや状況を想像しながら接するように心がけましょう。

第 **5** 章

正社員がモヤモヤする

仕事と妊娠・
出産・育児、
介護の両立のこと

子育てをしながら仕事をする家庭が一般的になった現代社会において、妊娠・出産・育児制度にモヤモヤしているはたくさんいます。高齢化社会における介護休暇や介護休業についても知っておきましょう。

> モヤモヤ 42

つわりで出勤がつらいのですが、特別な制度はないのでしょうか？

妊娠しています。つわりがひどくて休みたいと思う日もしばしばありますが、休みすぎるとお給料のことも心配です。
なにか特別な制度はないのでしょうか。

会社につわり休暇制度がない場合でも、
妊娠中の女性には必要な措置をとることが義務付けられています。
身体を守るためにも、早めに上司に相談しましょう。

母健連絡カードや傷病手当金など制度の上手な利用がおすすめ

　男女雇用機会均等法では「企業は妊娠中、出産後の女性の労働者が医師などから保健指導を受けた場合、その指導事項を守ることができるように、勤務時間の変更、勤務の軽減などの必要な措置を講じなければならない」と定めています。そのため、**会社につわり休暇制度がない場合でも、上司に申し出れば体調を優先した働き方が可能です。**

　また、妊娠や出産をした女性に対して、休業を理由に解雇や不利益な扱いをすることも禁止されているので、安心して会社に相談しましょう。

　安定期に入るまでは妊娠を秘密にしておきたい人もいますが、身体を守るためにも早めに上司に相談・報告することをおすすめします。

　相談するにしても会社に希望の対応を言いにくいときは、ここ数年で普及している**「母性健康管理指導事項連絡カード（母健連絡カード）」を医師や助産師に発行してもらうとよいでしょう。**症状に応じた措置を記入してくれるので、会社に自分の要望を伝えやすくなります。

モヤモヤ解消 Advise

Point 1 ▶ 会社は、妊娠中、出産後の女性社員に対して必要な措置をとることが義務付けられている。

Point 2 ▶ 母性健康管理指導事項連絡カードを発行して、会社に要望を伝える。

つわりがひどい場合は、傷病手当金が給付されることもある

　傷病手当金は、病気やケガで仕事を休んだ場合の、無給期間の生活を支えてくれる健康保険の制度です。保険の加入者本人で条件を満たせば、つわり（妊娠悪阻）でも対象になることがあります。

　具体的には、療養期間が4日以上で給与の支払いがなく、医師の診断書があることが条件です。**自己判断での療養や被保険者以外（扶養家族である妻）の申請は給付の対象にはならない**ので注意しましょう。

モヤモヤ43 出産が1週間遅れた場合、生まれるまでの期間は欠勤になる？

出産したばかりです。第一子だからか、出産予定日を過ぎてもなかなか生まれなくて……。予定よりも長く休んだ期間は、**欠勤扱いになるのでしょうか？**

出産が予定日よりも遅れても、**産休のままで、欠勤にはなりません。**

出産予定日が過ぎても
子どもが生まれるまでは産前休業

産前休業は、会社に請求すると出産予定日の6週間前から取得できます。**予定日から1週間を過ぎた出産でも、生まれるまでの1週間は産前休業の範囲**なので、欠勤扱いでも、有給休暇の対象にもなりません。また、出産が予定より遅れても、遅れた分の産後休業が短縮されることもありません。産後休業は法律で8週間が保証されています。

産休とは？

産休とは、「産前産後休業」の略で、労働基準法で定められている休業のこと。出産予定の女性社員が会社に請求すると、産前休業は出産予定日の6週間前から、産後休業は出産日の翌日から8週間休むことができる。産前休業は取得しなくても構わないが、産後休業は必ず取得しなければならない（会社は休みを与えなくてはならない）。

● 産前産後休業の考え方

出産予定日の 6週間前	出産予定日		出産日	出産から 8週間
産前休業	予定日を過ぎて出産しても産前休業。 欠勤扱いにはならない。		**産後休業**	

産前休業は出産予定日の6週間前から取得できる。
予定日より早く生まれたら、出産翌日から産後休業。

予定日より出産が1週間遅れても、
産後休業は8週間。

ちなみに、出産当日は産前休業の扱いになり、出産に2日、あるいは3日かかったとしても、その間は産前休業で、産後休業は出産の翌日から始まります。

モヤモヤ解消
Advise

Point 1 ▶ 産前休業は、会社に請求すると出産予定日の6週間前からとることができ、産後休業は8週間が保証されている。

Point 2 ▶ 産後休業は出産の翌日から始まる。

> モヤモヤ 43　出産が1週間遅れた場合、生まれるまでの期間は欠勤になる？

双子以上を出産するときの産前産後休業

どうやら双子を妊娠したみたいなんです。

多胎妊娠の場合は、産休期間が変わります。
早めに産休に入れますよ。

◉ 多胎妊娠の場合の産前産後休業

産前休業	出産日	産後休業
出産予定日の14週間前から産休が取得できる。		産後休業は8週間。

双子といった多胎妊娠の場合、出産予定日の14週間前から産前休業に入ることができます。 ただし、産後休業は単胎妊娠と同じく8週間です。

産後休業は、会社が女性社員に必ず与えなければならない休業、つまりは出産女性が取得しなければならない休業期間です。これを女性社員が取得しないと会社が罰せられますが、なによりも自身の身体を労わるためにも、生まれてきた子どものためにもしっかり休みましょう。

モヤモヤ解消
Advise

Point 1 ▶ 多胎妊娠の場合、出産予定日の14週間前から産前休業が取得可能。

Point 2 ▶ 産後休業は、単胎妊娠と同じく8週間。

📖 どうしても仕事に早く復帰したい場合

産後休業は、法律で原則8週間の期間が設けられていますが、出産した女性本人が会社に早めの復帰を希望する場合は、**最短で産後6週間で復帰することができます。**

ただし、医師により支障がないと認めた業務に限った復帰になります。法律によって、自己判断での早期復帰は認められていないので注意しましょう。

妊産婦を守る就業制限

産休明けは、子どものお世話や自分の身体のことも心配なので、**妊娠前のように働けるか不安です。**

妊娠中も、産後も、**法律により就業制限がある**ので、まずは上司に相談しましょう。

● 会社が守らなければならない妊産婦に関係する就業制限

産前産後休業	妊娠中の女性が請求した場合は、身体に負担のない軽易な業務に転換させなければならない。
妊産婦の就業制限	妊産婦が請求した場合は、時間外労働、休日労働、深夜労働をさせてはならない。
坑内業務の就業制限	水道管や道路、鉄道といったトンネル内の作業など、妊娠中及び産後1年経たない女性、満18歳未満の女性に坑内労働をさせてはならない。
危険有害業務の就業制限	妊娠中及び産後1年経たない女性に、運搬作業などの重量物を取り扱う業務、タンク内など有害ガスが発散する場所での業務をさせてはならない。

	妊婦		出産1年未満の産婦	
	本人から請求した場合	**本人から請求しない場合**	**本人から請求した場合**	**本人から請求しない場合**
軽易な業務への転換	転換が必要	転換は不要	対象外	対象外
時間外労働	会社はさせてはならない	会社はさせてもよい	会社はさせてはならない	会社はさせてもよい
休日労働	会社はさせてはならない	会社はさせてもよい	会社はさせてはならない	会社はさせてもよい
深夜労働	会社はさせてはならない	会社はさせてもよい	会社はさせてはならない	会社はさせてもよい

Point ▶ 妊産婦には、法律で就業制限がある。

> モヤモヤ
> 44

産休中にボーナス日がありますが、満額もらえるのでしょうか？

ボーナスをもらいに来ました！

産休に入るギリギリまで仕事をしていたのだから、**ボーナスは満額もらえますよね？**

賞与には算定期間がありますから、それによって減額されることもあります。

産休中でも賞与の支給はあるが 算定期間の就業具合で支給額が変わる

　男女雇用機会均等法と育児・介護休業法によって、会社は妊娠や出産、育児などを理由に、社員に対して不利益な対応をしてはいけないと定められています。そのため、**産休中でも賞与の支給はあります。**ただし、賞与には算定期間があるので、それにより減額されたり支給されないこともあるでしょう。

　たとえば算定期間が4月～9月、賞与支給が12月だった場合、8月1日に産休に入ったのなら、4月～7月までの期間の評価で賞与が支給されます。
　一方、算定期間と賞与支給の月が前述のタイミングと同じ場合、算定期間中すべてを産休して10月に仕事に復帰したときは、産休明けすぐの賞与は支給されません。周囲が賞与を受け取っていても算定期間に休業していたので、これは不利益な対応にはなりません。

Point ▶ 賞与には、算定期間がある。

> モヤモヤ
> 45

育休を取得したいのに、就業規則に規定がありません……

産休後の育休について就業規則を確認していたのですが、育休について書いてなくて……。
うちの会社では育休はないということでしょうか？

育休は法律で定められている制度なので、就業規則に規定がなくても取得できます。

育児休業は男女ともに取得できる制度

育児休業は、原則1歳未満の子どもを養育するために、育児・介護休業法で定められている休業です。「産前産後休業」や「産後パパ育休」という制度もありますが、前者は子どもを妊娠・出産した女性だけが、後者は父親が取得できる休業です。

◉ 仕事と育児の両立支援制度

育児休業は、母親父親ともに取得でき、1歳未満の子どもひとりにつき、分割して原則2回まで取得できますが、保育園に入園できないなどの事情がある場合は、最長で2歳になるまで延長が可能です。

Point ▶ 育児休業は1歳未満の子どもひとりにつき、分割して原則2回まで取得できる。

📖 入社してすぐの産休と育休は？

4月に入社して5月から産休に入ることは可能です。産前産後休業は法律で定められているので、妊娠・出産した女性社員は産休を取得できます。しかし、育休に関しては労使協定により、入社して1年が経たないと認めない会社もあります。入社後すぐは有休が少ないこともあり、産後休業後に休む場合は欠勤扱いになることが多いです。**育休と勤続年数の関係は就業規則に記載されている**ので、新卒、あるいは転職したばかりという場合は確認しておきましょう。

モヤモヤ **45** 育休を取得したいのに、就業規則に規定がありません……

産後パパ育休、パパ・ママ育休プラス

子どもが生まれたので、できるだけ子どもに関わりたいと思っています。育休にもいろいろあって、よくわからないのですが……。

産後パパ育休は子どもが生まれたあとの8週間以内に、4週間まで父親が取得できる制度です。パパ・ママ育休プラスも育休のひとつで、父親と母親の両方が育休を取得したときに利用できる制度です。

産後パパ育休とは「出生時育児休業」のことで、子どもの生後8週間以内に4週間を限度として**父親が取得できる制度**です。4週間は分割して2回まで取得可能で、休業中も会社と合意した条件で仕事ができます。

● 産後パパ育休とパパ・ママ育休プラスの取得例

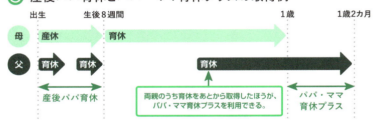

パパ・ママ育休プラスは父親、母親どちらも育休を取得した場合に、子どもが1歳2カ月になるまで利用できる制度です。ただし、育休の最大取得日数は、産後休業と産後パパ育休を含めてそれぞれ1年間なので、母親がすでに1年間の育休をすべて取得している場合は、父親だけがパパ・ママ育休プラスの対象になります。また、育休をあとから取得した親が制度を利用できます。

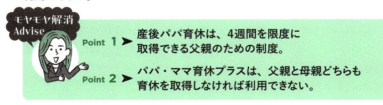

小学校3年生修了まである両立支援制度

パートナーと協力して子育てしたいと思っています。遅くまで残業ができないのですが、なにか利用できる制度はないのでしょうか？

男女に関係なく、利用できる制度があります。

仕事と育児の両立支援制度は、2025年に一部改正されます。まず、4月に「所定外労働の制限」と「子の看護等休暇」が改正され、子どもの対象年齢がそれぞれ拡大します。10月には「短時間勤務制度」が変わり、子どもが3歳を過ぎたら、始業時間などの変更といった支援措置を選択して使えるようになります。

改正されると会社から制度についての周知と利用する・しないの確認が入るので、制度を積極的に利用していきましょう。

◉ 両立支援制度の一覧

期間	制度	改正内容
生後8週間〜小学校入学	**短時間勤務制度**（1日の所定労働時間が原則6時間になる）	2025年10月から小学校入学まで対象になり、3歳以上は選択措置制になる。
出生〜小学校入学	**所定外労働の制限**（会社との契約で決めた労働時間以上の残業制限）	2025年4月から小学校入学まで対象になる。
出生〜小学校3年生の修了まで	**子の看護等休暇**（子ども1人年5日、2人以上の場合は年10日まで取得可能）	2025年4月から小学校3年生修了まで対象になる。
出生〜小学校3年生の修了まで	**時間外労働の制限**（法定労働時間を超える労働が1カ月24時間、1年150時間までになる）	
出生〜小学校3年生の修了まで	**深夜業の制限**（22時から翌朝5時までの労働免除）	

モヤモヤ解消 Advise

Point ▶ 改正された制度は、積極的に利用。

> モヤモヤ
> 46

親の介護で休みたいのですが、介護休暇と介護休業は同じもの？

親の介護で会社を休みたいのですが……。
介護休暇と介護休業という制度は同じものですか？

どちらも要介護状態の家族の介護や世話のために休める制度ですが、取得日数などに違いがあります。

介護休暇と介護休業は取得日数や給付金、申請方法などに違いがある

介護休暇と介護休業はどちらも法律で定められている、家族の介護や世話のために休める制度で、会社は社員からこれらを申請された場合、拒否することはできません。いずれも要介護状態の家族を介護している人が対象ですが、「要介護状態」とは負傷、疾病または身体上もしくは精神上の障害により、2週間以上の期間にわたり、常時、介護を必要とする状態のことを指します。

◉ 介護休暇と介護休業の違い

	介護休暇	介護休業
取得できる日数	対象家族1人につき1年で5日間。2人以上の場合は、1年で10日間。時間単位でも取得可能。	対象家族1人につき93日間。3回まで分割して取得することが可能。
賃金と給付金	賃金は基本的に無給。雇用保険の介護休業給付金は給付されない。	賃金は基本的に無給。一定の条件を満たせば、雇用保険の介護休業給付金が給付される。
制度を利用できる人	要介護状態にある家族を介護している人。2025年4月以降は法改正により、入社したばかりでも利用可能。	要介護状態にある家族を介護している人。雇用期間が1年未満の場合は、対象外になることがある。
申請方法	会社に規定がなければ、書面申請に限らず、口頭で申し出てもよい。	休業開始日の2週間前に書面などで会社に申請する。

取得日数や給付金の支給などに違いがありますが、およそ短期的に休みが必要な場合は介護休暇を取得し、長期的に家族の介護に専念したい場合は介護休業を選択する人が多いでしょう。

Point 1 ▶ 介護休暇と介護休業は、どちらも法律で定められている制度。

Point 2 ▶ 介護休暇は前日や当日でも取得可能、介護休業は事前申請が必要。

モヤモヤ 47 母親が骨折したのですが、介護休業は使えますか？

同居している母が足を骨折しました。
当分は自力での生活が難しいので、介護が必要かと思っています。
骨折でも介護のお休みはもらえるのでしょうか？

要介護状態の条件にあてはまる場合は、
介護休暇も介護休業もどちらも使えます。

要介護状態の骨折なら
介護休暇または介護休業の利用が可能

　介護休暇と介護休業は、要介護状態にある家族を介護している人が利用できる制度です。負傷、疾病、身体上もしくは精神上の障害により、2週間以上の期間にわたって常時、介護を必要とする家族のためにあります。そのため、**たとえ骨折でも、2週間以上の介護が必要な場合は制度を利用できます。**

　介護をする家族のケガや病気の状態によって、介護休暇、もしくは介護休業を選択することになりますが、実母が骨折して1カ月間入院したという過去事例によると、介護休業を取得し、なおかつ介護休業給付金を受給した例があります。

　給付を受けたい場合は提出書類を準備する必要がありますが、支給申請手続きは原則、会社が行うものです。人事・労務部門に申し出て、必要な手続きをしましょう。

モヤモヤ解消 Point

Point 1 ▶ 介護休暇も介護休業も、ケガや病気の種類に関係なく利用できる。

Point 2 ▶ 骨折で介護休業を取得した過去事例では、介護休業給付金を受給した例がある。

介護休暇と介護休業は子どもにも使える

　介護というとシニアのお世話をイメージする人が多いのですが、介護休暇も介護休業も、2週間以上の期間にわたって常時、介護が必要な人であれば、対象者の年齢に制限はありません。したがって、**どちらも子どもに利用できます。**

　たとえば、子どもがスキーで複雑骨折して世話が必要になった場合や、精神的なダメージで介護が必要になったときにも使えます。家族が要介護状態にある場合は、仕事と両立できる支援制度を利用しましょう。

> モヤモヤ 48

おばあちゃんが倒れました！孫でも介護休業は使える？

一緒に住んでいるおばあちゃんが倒れてしまいました。家族で交代で介護をすることになりましたが、**孫でも介護休業は使えるんでしょうか？**

はい、**利用できます。**

介護休暇と介護休業は祖父母や義父母にも利用可能

　介護休暇でも介護休業でも、制度の対象になる家族は、両親や配偶者、兄弟姉妹だけでなく、祖父母や義父母も対象者です。

　そのため、要介護状態になった家族がいる場合は、およそ**自分に近い人の介護をすることができます。**

◉ 介護休暇、介護休業が対象になる家族の範囲

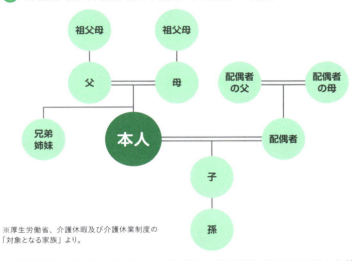

※厚生労働省、介護休暇及び介護休業制度の「対象となる家族」より。

　配偶者は事実婚のパートナー、法律上の親子関係がある子どもなら養子も対象になります。適用される範囲を確認して、制度利用が必要になったときは、人事・労務部門に申し出ましょう。

Point ▶ 両親や配偶者、兄弟姉妹だけでなく、祖父母や義父母も対象になる。

モヤモヤ 48　おばあちゃんが倒れました！　孫でも介護休業は使える？

同居していなくても介護休業は取得可能

田舎に1人で住んでいるおじいちゃんに介護が必要になりました。
同居していない祖父では介護休業できないですよね？

いいえ、できます。
法改正があって、現在は離れて暮らす人も対象です。

　介護休暇と介護休業は、同居や扶養をしていなくても制度が利用できるので、**離れて暮らす家族のためにも利用可能です。**

　じつは数年前に法改正がされているにもかかわらず、会社では情報がアップデートされていないために、申請時に間違った判断をされて休暇・休業を取得できないケースがあるようです。正しい知識で会社とやりとりしましょう。

育児・介護休業法の改正内容一部

要介護状態にある家族とは、負傷、疾病または身体上もしくは精神上の障害により、2週間以上の期間にわたり常時、介護を必要とする状態にある配偶者、父母、子、配偶者の父母、祖父母、兄弟姉妹、孫を指す。以前は対象家族の条件に同居・扶養要件があったが、現在は同居していなくても、扶養していなくても対象にできる。

モヤモヤ解消
Advise

Point ▶ **会社が法改正のアップデートをしていない場合があるので、申請時には注意。**

📖 介護休暇と介護休業の無給と出勤

　介護休暇と介護休業は会社に給与の支払い義務がないので原則、どちらも無給です。しかし、法律上の制度なので、休んだとしても欠勤扱いではなく**出勤したものとして扱われます。**

第 **6** 章

正社員がモヤモヤする

副業・兼業、
キャリア、処分、
退職のこと

多くの人が関心を寄せる副業・兼業については、違いがわからない人も多いでしょう。また、懲戒処分や退職を制限する誓約書の拘束力など、働く人のキャリアにまつわる疑問や悩みにも回答します。

> モヤモヤ
> 49

副業と兼業の違いがわかりません

自作のアクセサリーを販売しようと思っています。
これは副業になりますか？ それとも兼業でしょうか？

副業は本業（主な収入源になっている仕事）のかたわらで行う仕事、
兼業は本業のほかに複数の仕事を掛け持ちすることです。

副業は本業の片手間に行う仕事、兼業は複数の仕事を掛け持ちすること

今の仕事に加えて、別の仕事をしようとする人も増えています。とはいえ、副業・兼業が本業に支障をきたす場合もあるため、**本業の会社では同業他社への就労の禁止、あるいは届出を義務化して、業務内容や時間を管理している**会社もあります。ルールに違反した場合は、懲戒処分の対象になることもあるので、**副業・兼業の扱いは就業規則を確認しましょう**。

さて、副業・兼業は、法律に明確な定義はありませんが、どちらも他社と雇用契約を結ぶ場合は、労働時間の調整などが発生します。たとえば、3つの会社の勤務時間を合算して1日8時間、週40時間（法定労働時間）以上を働いた場合、雇用契約を最後に結んだ会社が割増賃金を支払うことになります。

副業 ＝ 本業 ＋（副業）

副業とは、本業のかたわらで行うサブ的な仕事。

兼業 ＝ 1社目 ＋ 2社目 ＋ 3社目

兼業とは、本業のほかに複数の仕事を掛け持ちすること。

副業・兼業をして年間所得が20万円を超えると、確定申告が発生し、所得税と住民税の申告が必要になります。20万円以下の場合は確定申告は不要ですが、住民税は別途、役所に申告が必要です。

また、雇用契約を結んで働いた場合、年末調整の手続きができるのは1社だけなので、2社目や3社目で得た収入は確定申告が必要です。

モヤモヤ解消 Advise

Point 1 ➤ 会社によっては、副業も兼業も制限している場合がある。

Point 2 ➤ 副業・兼業の扱われ方は、就業規則を確認。

> **モヤモヤ 50** 育休明けの復帰が不安なので、少し働きたいのですが……

育休明けの仕事復帰が不安です。完全な復職の前に、少し出社して打ち合わせなどに参加したいです。

会社との話し合いにより、育児休業中でも一時的・臨時的に仕事をすることができます。

育休中でも条件の範囲内で仕事をすることができる

　育児休業中に一時的・臨時的に仕事をすることは「半育休」とよばれ、会社との話し合いにより、育児から手を離せる時間に限って仕事ができる法律外の制度です。たとえば、育休に入る前に担当していた案件の資料作成や、トラブルによる突発的な対応業務など、育休中の本人が会社からの申し出を承諾した場合にのみ仕事ができます。

　半育休は出社しての就労が前提ですが、現在はテレワークも勤務形態の範囲に考えられるようになってきています。

　育休中の就労には条件があり、月に10日以下や80時間以下といった規定から外れると、育児休業給付金の返還や、社会保険料の免除が適用外になります。また、育児休業を始める前に1日4時間で月20日間、あるいは毎週特定の曜日または時間での勤務を会社とあらかじめ決めておくことも禁じられています。これは、テレワーク勤務の場合も同様です。

◎ 育休中の就労に関する条件

1 労使の話し合いが必要

2 就労は月10日（10日を超える場合は月80時間）以下であること

3 一時的・臨時的なこと

　育児休業は子どもを育てるために与えられた時間であり、そもそも休業期間中の就労は想定されていません。育児休業給付金を受けながら仕事をするのであれば、一時的・臨時的な就労になるようルールに沿った働き方を心がけましょう。

モヤモヤ解消 Advise

Point 1 ▶ 育児休業中の一時的・臨時的な仕事は、「半育休」とよばれている。

Point 2 ▶ 育児休業中の就労条件に違反すると、育児休業給付金の返還などが発生する。

> モヤモヤ
> 51

懲戒処分になったのですが、どうしたらよいですか？

うちの会社はダブルワークが禁止なのですが、内緒で副業をしたら会社にバレて、**懲戒処分を受けることになりました。**

懲戒処分といっても種類があり、それぞれ処分の内容が違います。 いずれにしても真摯に受けとめましょう。

懲戒処分の内容については就業規則に種類と程度の記載がある

懲戒処分については労働基準法で、就業規則に各会社における種類や程度を記載することが定められています。そのため、**会社に規定がなければ懲戒処分はありませんし、行ってはいけないことになっています。**

また、合理的な理由がなく、社会の常識に照らし合わせて妥当とはいえない懲戒処分は無効とされています。

懲戒処分には種類や段階があり、各会社で設けられている内容は違いますが、最も軽い処分は戒告・けん責でしょう。戒告は、文書または口頭で働く人の問題行動を注意するもので、けん責は始末書（反省文）の提出です。一方、最も重い処分は、懲戒解雇です。

懲戒処分は、会社組織の円滑な運用の妨げになっていると判断されると対象になる可能性があり、過去には昇進を断ったら懲戒処分がされた例もあります。昇進に関しては人事異動と同じく会社に裁量権が広く認められているため、育児や介護、健康面の不安といった正当な理由なく拒否した場合は、業務命令違反にあたります。

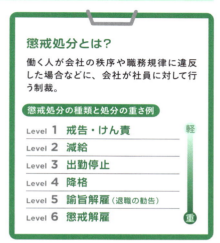

懲戒処分とは？
働く人が会社の秩序や職務規律に違反した場合などに、会社が社員に対して行う制裁。

懲戒処分の種類と処分の重さ例

Level 1	戒告・けん責	軽
Level 2	減給	
Level 3	出勤停止	
Level 4	降格	
Level 5	諭旨解雇（退職の勧告）	
Level 6	懲戒解雇	重

モヤモヤ解消 Advise

Point ▶ 懲戒処分の種類と段階は、会社によって異なる。

> モヤモヤ
> 52

始末書を書くことに……
昇進はできなくなった!?

仕事で大きなミスをして、始末書を提出しました。
もう、**昇進は望めないですよね……。**

そんなことはありませんが、
人事評価制度や昇進、昇給の基準を確認する必要があります。

会社の昇進、昇給の基準は人事評価制度を確認

懲戒処分を受けると、その後の人事評価への影響が気になります。たしかに、処分されると昇進や昇給に響くことはありますが、**処分の内容によってはそれが永遠に続くとは限りません。**最も軽い処分のけん責（始末書、いわゆる反省文の提出）であれば、勤続10年間で見た場合、同期との待遇に大きく差がでることは少ないでしょう。

さて、主任や課長といったように、役職が上がる昇進は会社の制度です。そのため懲戒処分との関係は、人事評価制度を確認すると明らかになります。懲戒処分されるとその期の評価は必然的に上がらないため昇進に結びつきませんが、規定に「懲戒処分を〇年以内に受けた場合は、昇進試験を受験できない」「昇進は半年以内に懲戒処分がないこと」といった定めがあれば、一定期間は昇進は難しいでしょう。

Point 1 ▶ 最も軽い処分であれば、勤続10年間で見た場合、待遇は同期と変わらない。

Point 2 ▶ 懲戒処分を受けた場合、昇進規定に条件があれば、一定期間は昇進できない。

懲戒解雇はよほど重大な問題に発生するもの

懲戒解雇は最も重い処分ですが、これは犯罪などによって**会社に著しい損害を与えた場合に判断されます。**また、懲戒処分を何度も受けたにもかかわらず、同様の行為を繰り返す場合にも認められるでしょう。

懲戒処分には減給や降格もありますが、減給は労働基準法で減額の上限が定められているばかりでなく、給料が減ると社員の生活に支障がでることもあるため、人権問題の観点から減給の制裁はなくなってきています。降格も期間を決めて行われるケースが多いでしょう。

> モヤモヤ
> 53

退職時の「同業他社への転職NG」という誓約書は絶対ルール?

退職するときに、「同業他社に転職をしない」という誓約書にサインをしました。これは絶対なのでしょうか?

日本には「職業選択の自由」の権利があるので、違法な内容の誓約書は無効です。

違法な内容の誓約書に法的な効力はなし！
他社に転職しても前の会社は無効にできない

主に退職時、会社から同業他社に転職をしないという誓約書にサインを求められる場合があります。これは専門的な技術や知識をもった人からよく聞く話で、最近、増えてきたケースでは、同じ県内や同じ商圏での同業他社への転職をNGにしている例もあります。

しかし、**誓約書には法的な効力はありますが、サインをしても違法な内容のものは無効です。**日本国憲法には「職業選択の自由」があり、誰もが自由に仕事を選べる権利があります。そのため、**同業他社に転職しただけで前に勤めていた会社が就職を辞めさせることはできません。**また、転職先の制約は「競業避止義務」として、誓約書の別項目や就業規則に記載されていることがありますが、退職後については日本国憲法が重んじられ、競業避止義務は限定的になることを厚生労働省が示しています。

退職後に注意しなければならないのは転職先というよりも、所属していた会社の技術や顧客名簿、データを利用して起業したり、転職先で営業活動を行って前職の会社に多大な不利益を与えることです。

違反行為が認められたときは、退職金の減額や没収、競業行為の差し止め請求などの対応を求められることがあるでしょう。

競業避止義務違反は、一般的には経営にかかわっていた役員や部長クラス（管理監督者）に適用されますが、内容によっては一般社員も無関係ではありません。情報漏洩にもなるので、自分の言動には十分に気をつけましょう。

競業避止義務とは？

競業避止義務は、所属する会社と競業する企業を設立したり、転職したり、勤めていた会社の顧客情報などを使って営業活動を行うといった、競合する業務を行わない義務のこと。退職後は限定的になる。

モヤモヤ解消 Advise

Point ➤ 競業避止義務には、注意が必要。

> モヤモヤ
> 54

会社負担で取得した資格は、退職時に違約金を払わなければダメ？

会社負担で資格を取得しましたが、退職を今の会社に伝えたら、**資格取得の費用を返しなさい**と言われました。
たしかにお金は出してもらいましたが、返金しないとダメなんでしょうか？

仕事をするのに必要な資格なら、**返金は不要**です。

会社が違約金や賠償金の支払いを社員に前もって約束するのは違法

==労働基準法には、違約金や賠償金の支払いを、会社が働く人に事前に約束してはならないことが定められています。==したがって、「資格を取得したあとにすぐに会社を辞めたら、違約金を支払うこと」を理由に、会社が社員に金額を請求するのは違法で、働く人はこれに応じる必要はありません。

労働基準法「賠償予定の禁止」とは？
会社と社員の間で行った契約について、働く人がそれを守らなかった場合のために、会社があらかじめ違約金を定めたり、賠償金の支払いを約束させることはできないという法律。

また、資格を取得するときに「資格取得後、2年以内に退職をしたら返金します」という誓約書にサインしたとしても無効です。誓約書には法的効力はありますが、前述した「賠償予定の禁止」の違反行為にあたるので、約束した内容は成立しません。いつでも退職できますし、会社は退職を強引に引き止めることもできません。

ただし、社員の意思で資格取得費用の貸与を受けた場合は注意が必要です。自由な意思のもとで貸与の契約を会社と交わしているなら、資格取得後、2年以内に退職するときは返金が発生します。

モヤモヤ解消 Advise

Point ▶ 社員の意思で資格取得費用の貸与を受けた場合は、注意が必要。

📖 退職の自由を制限する貸与には要注意

会社からの費用が貸与だったとしても、返済期間（拘束期間）が長期だったり、貸与額が給料の数倍になるといった高額の場合は、退職の自由を制限するものとして違法に判断されることがあります。==度を越える条件があった場合は、労働基準監督署に相談しましょう。==

> モヤモヤ 55

退職したいのに辞めさせてくれない！

退職を申し入れたのですが、「後任がいないから認めない」と言って辞めさせてくれません。**退職届も受け取ってくれません。**

退職の意思表示は口頭でも問題ないので、退職はできます。

2週間前に退職の意思表示をすれば雇用関係は終了できる

　6カ月や1年といったような雇用期間の決まりがない社員の場合、民法では2週間前までに退職の意思を会社に明確に伝えれば、会社を辞められるとしています。さらにこの条文では、「退職届による文書で意思表示をすること」と限定はしていないので、**退職希望者が口頭で退職の申し入れをしても問題ありません。**

民法の「退職の自由」

働く人に決められた雇用の期間がなければ、会社にいつでも労働契約の解約を申し入れることができるという法律。退職の申し入れの日から2週間後に雇用関係を終了することができる。

　会社によっては就業規則に「退職する場合は、少なくとも1カ月前までに退職届を提出し、会社の許可を得なければならない」と記載していることがあります。しかし、申し入れてもいつまでも承認がおりない場合は（退職の引き延ばし）、会社から許可がでるまで退職希望者は勤め続けなければなりません。この場合、働く人に退職制限がかかるため民法が優先された例もあるので、労働基準監督署に対応を相談しましょう。

モヤモヤ解消 Advise

Point 1 ▶ 「退職届による文書で表明すること」と法律で限定していないので、口頭で退職意思を伝えても辞められる。

Point 2 ▶ 退職の引き延ばしは、労働基準監督署に相談。

強引な引き止めはパワハラになるケースもある

　さまざまな理由で退職を強引に延ばされる場合は、**パワハラにあたることもあります。**在職強要をされているときは、労働基準監督署に相談するとよいでしょう。また、「後任が見つかるまで待ってほしい」との言葉に応じるときは、退職日を明確にしたうえで働くことが重要です。

> モヤモヤ
> 56

有給休暇もリフレッシュ休暇も全部消化してから退職したい!

有休も残ってるけれど、リフレッシュ休暇も残ってます。
全部使い切ってから退職したいのですが……。

有給休暇は使えますが、リフレッシュ休暇については
就業規則を確認する必要があります。

有給休暇の消化は問題ないが それ以外の休暇は会社判断

　有給休暇を消化してから退職したいという人は多いものです。有休は労働基準法で定められている休暇で、初年度は10日、それ以降は勤続年数に応じた日数が付与されます。**有休は働く人の権利なので、退職前に残っている分を消化することは問題ありません。**

　一方、リフレッシュ休暇は、付与する条件や日数、失効期限も会社が自由に決められるお休みです。また、特別な休暇には、失効した有休を積み立てられる積立有給休暇もありますが、これも会社の任意制度です。積み立てできる日数だけでなく、ケガの治療、育児、介護といった用途の限定なども自由に設定することができます。

　リフレッシュ休暇や積立有給休暇といった会社が設けている特別な休暇については、**有休にプラスして消化してよいかどうかは会社の判断です。** どのような取り扱いができるかは、就業規則を確認しましょう。

リフレッシュ休暇とは？

法律では定められていない法定外休暇のことで、各会社の判断で設けられている特別な休暇制度。勤続年数などに応じて付与される。特別な休暇には、失効した有休を積み立てられる積立有給休暇もある。

モヤモヤ解消 Advise

Point ▶ リフレッシュ休暇や積立有給休暇など、特別な休暇に関する規定は就業規則を確認。

📖 「有休を買い取って!」とは言えない!?

　原則、有給休暇の買い取りは違法なので、**社員から「買い取ってほしい」と会社に請求することはできません。** ただし、退職時は例外的に認められることがあります。退職時の対応として、未消化分の有休の買い取りをしてくれるかどうかは、就業規則の記載を確認しましょう。

> モヤモヤ **57**

退職日を決めたのですが、日程を変更したいな……

有給休暇があと2日ありました。退職日が決まっていましたが、有休をすべて消化したいので日程を変えたいな。

会社と退職日を決めたのなら、原則として変更することはできません。

雇用契約の解約が成立しているので簡単に退職日の変更はできない

退職届を提出して、会社に受理されたということは、「合意退職（合意解約）」が成立したことになります。会社と退職者、お互いの合意によって労働契約が解約されたので、「有給休暇が残っていたから、退職日を変えたい」などの自己都合で、決定を簡単に変更することはできません。

また、同様の理由で「早く退職したい」といった前倒しも基本的にできません。

日程変更ができるのは、すでに合意された契約の解約を退職希望者から会社に申し入れて、会社から変更の合意を得られた場合のみです。そのため原則として、日程変更は難しいと考えるべきでしょう。

合意退職（合意解約）とは？

働く人、または会社からの退職申し込みに応じることで労働契約が終了すること。法律に照らし合わせると契約上の行為になるので、簡単に内容の変更はできない。

モヤモヤ解消 Advise

Point 1 ▶ 退職届が会社に受理されたら、合意退職（合意解約）が成立したことになる。

Point 2 ▶ 日程変更ができるのは、会社が変更の合意をした場合のみ。

📖 退職日のマナーと後任者への引き継ぎ

退職日は、業務の引き継ぎ期間を踏まえて決めることも大切です。後任者に直接、伝えられる場合でも、引き継ぐ業務内容はできるだけ文書にまとめましょう。

会社によっては就業規則で引き継ぎを「業務命令」に定めていたり、適正に行わなければ退職金を減額すると明記している場合もありますが、規定がなくても、引き継ぎ業務は社員の義務ととらえるべきです。

> モヤモヤ **58**

前の会社の鍵がまだ手元に……返却しないとダメですよね？

先日、退職しました。**前の会社の鍵を返し忘れた**のですが、悪いことに使おうとも思わないし、返却しなくてもいいですか？

故意に返さない場合は、法的措置をとられることもあります。
また、部外者が鍵を所持していると、
セキュリティー問題が発生した場合に疑われることもあるでしょう。

会社から支給された物品は すべて返却すべきもの

　会社から業務のために貸与されたパソコンや携帯電話、鍵、入館証などは、退職時にすべて速やかに返しましょう。これら貸与品に関しては、返却項目を一覧にしている会社も多いので、ひとつひとつチェックしながら作業を行うと返却もれが起こりません。

　貸与品を返さなかった場合、退職金が減額されることもあります。 退職金は法律に定めのないお金なので、支給金額や基準は会社判断になり、たとえ減額しても違法にはなりません。

　また、鍵や入館証など、会社のセキュリティーに関わる備品を返却しなかった場合、所属していた会社になにか問題が起こったときは、疑われる可能性もあります。さらに、故意に返さない場合は、損害賠償請求など法的措置をとられることもあるでしょう。

Point ▶ 貸与品を返却をしなかった場合、退職金が減額されることもある。

健康保険証や取引先の名刺の返却も忘れずに

　所属していた会社で加入していた健康保険証は、退職日までしか使用できません。退職後に保険証を使った場合、本人、あるいは扶養家族にかかわらず、健康保険組合などに費用の返還が必要です。また、保険証を返却しなければ離職票を送付しない会社もあるので、失業手当の受給手続きを行えません。さらに、返却しなければ社会保険資格喪失証明書の発行がされず、新しく健康保険に加入することもできなくなるでしょう。そのため、退職時の健康保険証返却は重要事項になります。

　返却物には、取引先の名刺もあります。「自分がつくった人脈」だと言う人がいますが、その関係は勤務した会社で築いたものです。最後の最後まで義務をはたし、**わだかまりのない退職を目指しましょう。**

監 修

小西 道代
こにし みちよ

社会保険労務士／
行政書士

社会保険労務士法人トップアンドコア代表。行政書士法人グロー
アップ代表。All About労務管理ガイド。
大学卒業後に日本マクドナルドに入社。多数の店舗運営を行い、
幅広い年齢層の人々と働くことで労務管理・組織運営に興味
をもつ。その後、法律事務所や社会保険労務士事務所に勤務。
カフェ経営も経験し、そのなかで労働者と経営者の両視点を
養い、働く場には風通しのよい労働環境や組織づくり、ルール
が重要だと痛感する。現在は、正社員から派遣社員、アルバイト、
経営者の広い視野を活かした労務相談を行っており、事案のア
ドバイスだけでなく解決へも導いている。

正社員で働く人のための
労務問題のトリセツ

2024年12月30日　初版第1刷発行

監　修	小西道代
発行者	佐藤　秀
発行所	株式会社つちや書店

　　　　〒113-0023　東京都文京区向丘1-8-13
　　　　TEL：03-3816-2071　FAX：03-3816-2072
　　　　E-mail：info@tsuchiyashoten.co.jp

印刷・製本　日経印刷株式会社

© Tsuchiyashoten, 2024 Printed in Japan
落丁・乱丁は当社にてお取り替えいたします。

本書内容の一部あるいはすべてを許可なく複製（コピー）したり、スキャ
ンおよびデジタル化等のデータファイル化することは、著作権上での例
外を除いて禁じられています。また、本書を代行業者等の第三者に依
頼して電子データ化・電子書籍化することは、たとえ個人や家庭内で
の利用であっても、一切認められませんのでご留意ください。
この本に関するお問い合わせは、署名・氏名・連絡先を明記のうえ、
上記FAXまたはメールアドレスにお寄せください。なお、電話でのご
質問はご遠慮ください。また、ご質問内容につきましては、「本書の正
誤に関するお問い合わせのみ」とさせていただきます。あらかじめご
了承ください。

STAFF

制作
梶原知恵（オフィス梶原）

デザイン・DTP
井上大輔、釜内由紀江
（GRID CO.,LTD.）

イラスト
アライヨウコ

編集
渡部まどか（つちや書店）